ALBERTO CALVANO

Crônicas de um Delegado de Polícia não Publicadas

RIO DE JANEIRO – 2018

"De tropeços, vitórias e quedas se constrói a experiência".

CALVANO, Alberto

Crônicas de um Delegado de Polícia não Publicadas

CDD 220 - 230 - 200

1) Segurança Pública - 2) Direito Público - 3) Polícia Judiciária

PREFÁCIO

A FACE OCULTA DA POLÍCIA. MITO E REALIDADE

A segurança do Cidadão prefere a segurança do Estado, dizem aqueles que vêm o Estado Moderno como instrumento de realização social, posto a serviço do "homo sapiens", nas suas relações, no mundo em que vive. É o que consagrou, inclusive, na Carta Política/88.

É cláusula pétrea. Está no "caput" do art. 5º. Foi repetida no art. 144, quando se cuidou do capítulo da segurança pública. Institucionalizou-se a POLÍCIA, tanto a uniformizada quanto à paisana, como responsável por essa função de governo.

Tudo às claras, para uma nação que queria acabar com as zonas cinzentas. Não haveria mais a POLÍCIA POLÍTICA. A atividade sim, seria monopólio estatal, mas sob o controle da Cidadania, em todos os seus ramos e momentos de atuação. Haveria transparência absoluta na sua administração, a cargo de funcionários de carreira. Haveria hierarquia, para que fosse mantida a disciplina. Não seria uma instituição nem militar nem paramilitar. Mas, para que a ordem pública fosse mantida, era preciso assegurar, preliminarmente, uma disciplina legalista interna, nas legiões, de maneira que a LEI fosse o limite não transponível por qualquer dos operadores do poder de polícia.

É verdade que não seria tão moderno assim e, muito menos, inusitado. Mas, a inspiração vinha da Revolução Francesa, que desandou, como desandaram todas as grandes reformas impostas pela força e não pelo direito.

Há algumas décadas, quando ainda jovem na idade e na POLÍCIA, tivemos a ventura de conviver com alguns profissionais da área de segurança, que tinham de experiência muito mais do que nós de caminhadas na terra. Foram homens que percorreram caminhos espinhosos e conseguiram sobreviver a tudo e a todos. Que nos transmitiram, nos contatos pessoais, durante cursos, seminários, conferências e trabalhos em comissões oficiais, uma visão madura da questão da segurança pública no Brasil.

Éramos, nesse momento histórico, membros de um Grupo de Trabalho do Ministério da Justiça, incumbido de elaborar uma proposta de emenda constitucional e um texto base para a futura Lei Orgânica da Polícia Civil. Isso ocorreu no início da década de 80, quando se falava na restituição do poder à sociedade civil. Falava-se na democratização do país, como se vivêssemos fora da nossa histórica realidade. Questão apenas semântica, mas que, como rastilho de pólvora, ganhava velocidade.

Jovens, entusiasmados e dedicados, acreditávamos nas promessas e nos compromissos públicos assumidos por aquela classe politica que sobrevivera, porque jamais deixou de ser participativa, por irresistível necessidade de estar junto do poder e dele colher os costumeiros frutos.

Diziam-nos os dois saudosos companheiros, que melhor seria trabalhar com os pés no chão, do que correr o risco de se vagar perdido no espaço nebuloso e desconhecido. Na realidade, a POLÍCA era um mito, que muito bem servia à chamada classe dominante, enquanto dela se necessitasse, porque as pessoas incumbidas de exercitar a atividade policial, eram descartáveis, ao primeiro momento de sinais de autonomia e independência.

Seus nomes: IVAHYR DE FREITAS GARCIA e ARY JOSÉ BAUER.

Presentearam-nos com um exemplar do livro "POLÍCIA. MITO E REALIDADE", do *Comissaire de Police* FERNAND CATHALA, edição em português de 1975, tradução do também saudoso Delegado de Polícia de São Paulo JOÃO MILANEZ DA CUNHA LIMA. O título original era "CETTE POLICE SI DÉCRIEE" com um sugestivo destaque de GUSTAVE FLAUBERT: "POLICE: a toujours tort".

E assim, os anos foram passando e a POLÍCIA continuou sendo uma sigla apenas para inspirar medo e terror, da qual se serviam os donos do Poder, para se manterem em suas coletorias. O cidadão continuava também sendo objeto nas relações com o Estado – dono de tudo – quanto representasse patrimônio, enquanto a POLÍCIA era mantida como guarda pretoriana. FLAUBERT tinha razão – "Police: a toujours tort" – POLÍCIA: SEMPRE ERRADA.

Hoje, ano de 2018, depois de 55 anos de militância nas legiões de um São Miguel Arcanjo, vemos que o nosso esforço não foi sequer assimilado pelos mais eruditos companheiros de infortúnio. Muitos deram a própria vida para assegurar a garantia da integridade do tecido social, despojando-se do maior valor dos bens terrenos, enquanto outros esqueceram-se daquelas primeiras palavras quando ingressaram na POLÍCIA: duas portas permanecem abertas dia e noite para os aflitos – as dos hospitais e as das repartições policiais.

Não esmorecemos e continuamos acreditando que ainda é possível mudar esse triste cenário, por que algumas vozes do bem conseguem atravessar a nebulosidade e se fazerem ouvir e nos dizerem que ainda há esperança. Disse-nos um ex-aluno do Curso de Formação de Delegado de Polícia, hoje veterana Autoridade Policial e Pastor de Igreja Evangélica:

"Enquanto te deixaram, ministrastes na Centenária Academia de Polícia SILVIO TERRA, sobre os Princípios institucionais. Daí, com o conhecimento histórico que ainda guardas, tens todo o direito à palavra que não se cala e que jamais a calarão, de nos dizer, a todos nós Delegados de Polícia, jovens ou veteranos, as verdades sobre o desgaste que sofreste, assim como nós, que hoje caminhamos por veredas mal iluminadas, para cumprirmos com o sacerdócio que abraçamos conscientemente."

"A avalanche de negociatas feitas com o patrimônio público, em prol de particulares, levou à falência o estado do Rio de Janeiro e à cadeia Presidentes da ALERJ, assim como ex-governador, o que causa perplexidade no Cidadão, que pergunta: como isso foi possível, por tantos anos sequenciais, em crimes cometidos qualitativa e quantitativamente tão exorbitantes, sem que os Ministérios Públicos Estadual e Federal, nada tenham obstado, vez que o primeiro açambarcou a si as investigações das pessoas com foro privilegiado (reserva de mercado, onde a Polícia Judiciária não pode investigar, em afronta à Constituição em sentido contrário), e o segundo, mantinha-se alheio quanto aos crimes federais?".

Violados os princípios básicos da Carta de 1988, perderam-se: a autoridade, a credibilidade, a respeitabilidade e golpeou-se de morte a hierarquia e a disciplina, gerando-se iminente perigo para a ordem e segurança públicas, ao se abrirem espaços para o surgimento de poder paralelo à conta de milícias, narcotráfico etc. A MÁFIA tupiniquim.

Esse quadro bastante desalentador, construído pelo gerenciamento amadorístico com os parcos recursos transferidos da União para o Estado, que em nada serviu para tirá-lo do profundo fosso do desânimo generalizado, nos fez despertar, hoje octogenário, para a necessidade de ainda servirmos a quem elegemos como nossa segunda família, do que nos orgulhamos, de fazê-lo, como sempre, discreta e sugestivamente: escrevendo e tornando público o nosso pensamento. Eis aí a razão primeira em editarmos, como crônicas, mais este livro.

O autor

ÍNDICE

43. Manipulação de Polícia Judiciária.   Revelações preocupantes.

44. A natureza das expressões CULPADO e PRESUNÇÃO DE INOCÊNCIA, na Carta de 1988

45. A nova polícia, a delegacia legal e a execução sumária de parlamentar

46. Intervenção, estado de defesa ou...?

47. O SUPREMO. Irreconhecível como guardião maior da Cidadania

48. O povo, o eleitor e o eleito na Constituição de 1988 frente às CLÁUSULAS PÉTREAS

49. DELEGACIA LEGAL.   Duas décadas depois e milhões desperdiçados.

50. Ação das forças de intervenção.   Mensagens cifradas para consumo interno?

51. "C'È UM CADAVERE SULLA VIA"

52. Execução sumária de parlamentar. Autoria não reivindicada.

53. "Pela razão ou pela força".

O PROJETO DA DELEGACIA LEGAL: MODELAGEM
(Parte II)

1.   Em fevereiro do ano 2000, atendendo consulta que nos foi formulada pela ADEPOL/RJ sobre o programa da "DELEGACIA LEGAL", emitimos documento, em forma de parecer técnico, no qual, a questão que nos foi posta para examinar, mereceu somente a verificação da sua legalidade e constitucionalidade formais.

2.   O documento final, aprovado pela Diretoria da ADEPOL/RJ, teve cópias encaminhadas à PGE, PGJ, ALERJ e TCE, sendo nele enfocadas questões disciplinadas pelas Constituições da República e Estadual, DL 218/75 e seu regulamento (Dec 3.044/80) Leis 689 e 699, Dec 8945/86 e Lei 8.666/93.

3.   Não se apreciou a validade prática do Projeto "Delegacia Legal" sob os aspectos estrutural-organizativo e operacional que se pretendiam implantar, uma vez que, até àquela data, não viera a público a proposta final.

4.   Hoje, decorridos mais de 02 (dois) anos, tendo sido inauguradas algumas UPJ's sob aquele

"layout" e estando em curso na ACADEPOL o XVI estágio de treinamento, acredita-se ser possível a verificação de procedência das modificações básicas que o Programa propunha-se realizar, diante dos resultados já alcançados.

5.   No documento de fevereiro de 2000, em alguns momentos de discussão da proposta governamental, suscitou-se a sua provável inviabilidade, em razão da total ausência de exame, em audiência pública, dos aspectos mais relevantes do Projeto-Piloto do Programa "Delegacia Legal".

6.   Havia, há e continuará havendo, dentro dos inúmeros obstáculos naturais (e quiçá, sobrenaturais), aquele que reputamos de extrema relevância para o sucesso do empreendimento: o envolvimento pessoal dos públicos interno e externo.

7.   Criou-se a imagem de que o Projeto, em um piscar de olhos, nos levaria da barbárie à civilização. Isso foi dito pelo pai intelectual da proposta, o Professor da COPPE SEGEN FARID ESTEFEN, em matéria publicada no jornal "Folha de S. Paulo", edição de 07.01.2000, que repercutiu negativamente junto ao público, especialmente àquele que deveria alavancar o Projeto – o POLICIAL.

8.   Foi um grande erro de estratégia, de quem era "especialista em tecnologia de águas profundas"...

9.   À medida que iam sendo implantadas as novas sedes, moderníssimas sob o prisma físico, observou-se que o Projeto-Piloto não decolava no campo da atividade-fim. A prestação do serviço de segurança pública permaneceu imutável, enquanto as condições de atendimento ao público, davam um salto de qualidade.

10.   O espaço físico, reorganizado e remodelado, com a supressão das carceragens, deu à repartição pública um aspecto de asseio, conforto e respeito ao destinatário da função de governo. O prestador de serviço – o POLICIAL – também passou a trabalhar em melhores condições físicas, recebeu um treinamento relâmpago sobre as boas novas e uma gratificação pecuniária, pela maior e melhor dedicação.

11.   O sistema de gerenciamento autoritário, do modelo "perde-ganha", contudo, foi mantido, agora não mais em nível de Delegacia Policial, pois transferiu-se esse poder para as chefias superiores, onde as decisões sobre políticas e estratégias passaram a ser traçadas em ambientes estranhos ao serviço policial. Talvez, por isso, o projeto naufragou, tal qual a réplica da nau capitânia do

descobrimento, ao suspender os ferros, para zarpar do porto onde estava ancorada.

12.   O "milagre brasileiro" repetiu-se, como se repetirá sempre, quando as decisões não considerarem a cultura, as tradições, as experiências e experimentações bem sucedidas, impondo-se, com exacerbado grau de autoritarismo, novas políticas e mudanças de rumo, finalizando a satisfação de projetos pessoais (especialmente financeiros), em detrimento do interesse público.

13.   Os idealizadores do Projeto-Piloto cometeram erros primários, ao reorganizarem a nova estrutura operacional da Delegacia de Polícia. Focados na ideia-força de era preciso melhorar a imagem da atual administração, quanto ao atendimento do público junto aos serviços policiais, a maquiagem foi a estratégia básica. A melhoria na recepção daqueles que buscavam a proteção do Estado e a tabulação, para fins estatísticos, da criminalidade visível, por estes trazida à repartição policial, foram destacadas do contexto geral, passando por um asseio físico e "banho de loja". Transformaram-se pardieiros em recepções de hotel "VIP".

14.   Inquestionavelmente, foi um perfeito processo de maquiagem, o qual, como toda e qualquer maquiagem, já está cansado e precisa ser retocado.

15.   Quanto à atividade-fim – a INVESTIGAÇÃO – nesta sequer suspenderam-se os ferros. Continua fundeada, esperando a cheia da maré e os bons ventos, enquanto se tenta fazer o inventário do que se tem, frente às necessidades efetivas.

16.   Essa visão era a que se tinha, até o momento que antecedeu a nossa designação para o XVI estágio de treinamento sobre o Projeto-Piloto. Era um somatório de observações e acompanhamentos, à distância, do desempenho da "Nova Polícia".

17.   Percebêramos que controle, monitoramento e retroalimentação eram fases não previstas ou desconsideradas no processo de modernização dos serviços de segurança pública; que o "layout" jamais fora implementado sequer em 50%, naquilo que se propunha fazer funcionar em uma Delegacia Legal".

18.   A PMERJ, o MP, a DEFENSORIA PÚBLICA e o JUÍZO DISTRITAL (para pequenas causas cíveis e criminais) não compareceram ao chamamento do mutirão contra a violência.

19.   Não teriam sido sensibilizados para a grandeza do Programa ou anteviram o seu insucesso?

20.   Não se pode e não se deve desprezar conhecer as verdadeiras razões desse afastamento. Seria, no mínimo, imprudente, ignorar esses sinais. Contudo, se é levado a acreditar que os "especialistas em tecnologia de águas profundas" ainda continuam mergulhados na resolução dos seus problemas pessoais.

21.   O Projeto-Piloto, no campo da informática é ao mesmo tempo ousado e tímido. A timidez está na grandeza do prisma sob o qual foi enfocada a investigação e a inteligência policial.

22.   Tão primário que beira à barbárie, é o desprezo pelos bancos de dados existentes nas estruturas substituídas.

23.   Para não dizer que tudo foi para o lixo, como recomendou um dos instrutores do XVI estágio, que esteve Chefe de Polícia e engajado desde o primeiro momento no Programa, ao ignorar a contrainformação nos serviços de inteligência, depositou-se o passado em uma nova dependência policial, criada ao arrepio da Lei Maior Estadual, a sua constituição de 1989. Instituíram-se as Delegacias Especiais de Acervo Cartorário – as DEAC's – totalmente divorciadas da "Nova Polícia". Aliás, dando

entrevista no programa "Deles e Delas" (o que no dia seguinte foi publicado na imprensa escrita), o então governador, indagado se cumpriria decisão do Órgão Especial/TJRJ que determinava se retornar com inúmeros policiais colocados em disponibilidade, ou se cumpriria sua promessa de que ninguém o faria retornar com aqueles policiais ao serviço ativo da Polícia, respondeu o então governador que cumpriria ambas (a sua promessa e a decisão judicial): estava criando uma coisa chamada "DEAC", onde lotaria todos aqueles policiais!

24.   Atuando ambas sobre a mesma base territorial, (circunscrição) e o mesmo público-alvo, não se falam e, por isso, não estão interligadas pelos recursos da Informática Moderna, inobstante a criminalidade e o criminoso serem os mesmos.

25.   Pessoas inteligentes não sabem a que atribuir o "apartheid".

26.   Acredita-se que esse pequeno e insignificante componente do cenário, visto no curso de "pesquisas em águas profundas", não foi percebido pelos "especialistas" e continua sendo ignorado, depois de decorridos quase 03 (três) anos, pois as VPI's não são concluídas em 10 (dez) dias e, muito menos, os inquéritos policiais em 30 (trinta) dias, conforme foi prometido.

27.   A primeira UPJ instalada sob a nova roupagem, hoje tem em "cartório" mais de 400 (quatrocentos) inquéritos policiais inconclusos.

28.   Não faltaram os recursos materiais e a tecnologia de ponta. Mas algo não se fez presente e atuante, como se desejava. Segundo um outro "especialista em tecnologia de águas profundas", em recentes declarações à imprensa sobre a morosidade no atendimento ao público, concluiu que tudo seria consequência da má atuação dos delegados de Polícia, dirigentes das Equipes de Plantão (EP's) e do Gerente Operacional da empresa "Nova Polícia". Eles é que estariam entravando o desenvolvimento do Projeto-Piloto. É o que está sendo passado para a mídia e é o que esta passa para a Sociedade.

29.   No entanto, nas explicações dadas pelos instrutores do estágio sobre "Delegacia Legal", verifica-se que o Projeto em si ousa, de fato, romper com a inércia no gerenciamento administrativo dos serviços policiais, dotando-o um experimental suporte na área de computação, que simplificará a pesquisa e o acompanhamento da produtividade administrativa, desburocratizando sensivelmente as sistemáticas procedimentais existentes, tornando mais rápida a

resposta, ao mesmo tempo em que lhe atribui maior flexibilidade e credibilidade.

30.   Inquestionavelmente, é um grande passo que precisa ser apoiado e aperfeiçoado diuturnamente, para não se desperdiçarem os poucos recursos orçamentários disponibilizados.

31.   Quanto à INVESTIGAÇÃO e o seu suporte logístico – a INTELIGÊNCIA – o que esses instrutores passaram sobre sistemáticas e procedimentos nas "Delegacias Legais", executados pelos novos "setores especializados", como SAT, SCO, SIP, SESOP etc., sinaliza-se no sentido de que o programa idealizado está muito aquém do mínimo que se esperava de uma estrutura informatizada para o setor investigatório. Paga a peso de ouro, em nada agiliza o produto final.

32.   As novas rotinas, nada mais são que as tradicionais com novos apelidos e formas altamente burocratizantes do trabalho investigatório, que já estavam sendo substituídas informalmente, sem qualquer ônus para os cofres públicos e "apartheid" instalado na Polícia Civil.

33.   Ao se extinguirem os controles tradicionais, instituíram-se outros, até mais lentos do que aqueles. É verdade que já se está ruim em uma 4ª ou 5ª versão mas, assim mesmo, as correções introduzidas atenderam muito

mais à forma do que ao conteúdo, onde se improvisam soluções para não tornar mais morosos ainda os novos mecanismos.

34.   Talvez, por isso, o processo investigatório continua lento e, em alguns casos, mais lento do que antes, se considerarmos os recursos humanos e materiais disponibilizados para as "Delegacias Legais".

35.   A nova filosofia de trabalho ficou no papel, assim como os conceitos sobre gerenciamento, liderança e desempenhos expendidos nos 16 (dezesseis) estágios programados para treinamento da mão de obra (esses, sequer saíram das salas de aula).

36.   Justiça seja feita aos instrutores, que tão bem e empenhadamente desempenharam o seu papel, mesmo quando questionados sobre aspectos técnicos da investigação e da inteligência policial. É claro que não está no âmbito de suas atribuições explicar a vontade política em matéria de segurança pública, mesmo porque, nessa área, o "lobby" é muito forte e tem pouca visibilidade.

37.   O mecanismo da transferência é usado até imoderadamente, porque entre eles e o poder decisório há um vácuo, intransponível pelo som e pelo argumento das palavras.

38.   A grade curricular para o treinamento da mão de obra, em um período máximo de 30 (trinta) dias, prevê o desenvolvimento de conhecimentos para as áreas de: Reengenharia Policial (3:00hs/aula); Sistema de Controle Operacional – SCO Teórica (3:00hs/aula); Informações Estatísticas (3:00hs/aula); Gerenciamento (15:00hs/aula); Inteligência Policial – Teórica (3:00hs/aula); Informática Básica (9:00hs/aula); Sistema de Controle Operacional – SCO Prática (21:00hs/aula); Inteligência Policial – Prática (6:00hs/aula), perfazendo um total de 57:00hs/aula.

39.   Os objetivos do estágio na ACADEPOL seriam: apresentação formal do Programa "Delegacia Legal"; conscientização para a importância do processo investigatório e atualização das técnicas e práticas da Inteligência Policial; entendimento dos estilos gerenciais e o papel do Líder; fornecer os principais conceitos e práticas referentes à utilização de computadores e periféricos; treinar os participantes para a utilização de sistemas informatizados das Delegacias Legais e orientar os participantes para a utilização da estatística, gerada pelos Sistemas Informatizados, como fonte de informação para a investigação e controle da qualidade dos serviços desenvolvidos na Unidade Policial.

40.   Indubitavelmente seria um formidável processo de treinamento para uma nova concepção de atendimento ao cidadão, em área de segurança pública. Talvez fosse mais do que um simples treinamento. Talvez não fosse muito ousado chama-lo de formação profissional especializada, porque o "curriculum" é de tamanha abrangência organizacional operativa, que implicaria em uma revisão profunda dos conceitos e atividades procedimentais, até então em curso.

41.   A isso chamam de "modelagem".

42.   Mas, essa revolução didática e cultural não se faz em 57:00hs/aula. A grandeza do Programa impõe maior seriedade no seu desenvolvimento e este somente acontecerá se a mão de obra estiver qualificada e motivada para operar o processo de transformação.

43.   Infelizmente, com raras e honrosas exceções, não é o que está visível no dia a dia das modernas Delegacias Policiais, dentro do "layout" traçado pelos "especialistas" e pela vontade política.

44.   Do ponto de vista da atividade-fim, a modelagem merece reparos, porque não priorizou o principal, preferindo voltar-se mais para a vitrine do que para a qualidade do produto final. Dir-se-ia que a

embalagem é de primeiro mundo, enquanto o conteúdo continua em plano diferente, isto é, no terceiro mundo.

45.   É fácil verificar-se a relação custo-benefício, compulsando-se a publicação mensal de desempenho das Delegacias Policiais, onde as "Tradicionais" são sempre líderes do "ranking" daquelas que apresentam maior e melhor produtividade.   Infelizmente, as "Legais" estão sendo superadas pelos velhos pardieiros-presídios, onde falta tudo, menos a vontade de cumprir com o dever funcional, mesmo sem os recursos de informática, dos atendentes universitários, do mobiliário moderno, do ar condicionado, das viaturas novas, do auxílio do Grupo Executivo, de um efetivo policial em dobro e reciclado, e do estímulo de gratificação pecuniária.

46.   Tudo leva a crer que, imprevisivelmente, se estabeleceu um salutar clima de competitividade entre o tradicional e o moderno; entre a inteligência policial e a inteligência gerencial; entre o homem e a máquina; entre o interesse público-institucional e o político-pessoal, que ainda não foi percebido por quem está administrador. Essa falta de percepção ou insensibilidade tem um preço, que será sempre cobrado, a médio e curto prazo, da Instituição Policial e do Delegado de Polícia   .   A história se repetirá e novos messias se apresentarão, de

quatro em quatro anos, que sempre encontrarão seguidores de plantão, dispostos a executar o que o mestre mandar.

47.   É uma visão, que será apenas um sonho, se não houver ação, no dizer de José Carlos de Freitas, Administrador de Empresas, professor de Gerenciamento do XVI Curso de Formação e Aperfeiçoamento do Programa "Delegacia Legal".

48.   Ainda há tempo para refletir, porque ainda há esperança nos sinais de vida, no enfermo corpo da saudosa POLÍCIA CIVIL.   Voltemo-nos, com boa vontade, para o homem de Polícia e, quem sabe, se o milagre tão desejado não acontecerá!

49.   "Quem sabe faz a hora, não espera acontecer."

Rio de Janeiro, 19 de dezembro de 2001.

ALBERTO CALVANO – Delegado de Polícia 1ª Classe
(CSP)

Matrícula 1.141.603-9 (Agregado)

NOVOS RUMOS DA POLÍCIA JUDICIÁRIA BRASILEIRA

Como abordar tema que, por si só, é motivo de extravagantes posicionamentos no chamado mundo jurídico brasileiro?

É fato notório que o consenso somente é alcançado por breves momentos, quando um pequeno facho de luz ilumina os iluminados. Grave essa escuridão em que se vive, até mesmo nos momentos de grandes tragédias, onde inúmeras vidas são ceifadas. Não se trata de fazer justiça, mas de aparecer, de procurar esconder a culpa dos responsáveis pelo evento criminoso. De dar tratamento diferenciado aos indiferentes; de tirar proveito pessoal; de realizar, a qualquer preço, um sonho de há muito acalentado.

Após um período de duas décadas, em que uns poucos se consideravam os melhores da coletividade, como que ungidos pelos deuses, reeditando a fórmula da velha Roma, sugiram no horizonte sinais de bonança. Parecia que um céu de brigadeiro voltaria a brilhar.

E, assim, ao por do sol dos anos 80, mais precisamente em 05 de outubro de 1988, o país - leia-se, o povo brasileiro – viu-se diante de um profícuo texto que, em tese, resgataria dívidas pendentes.   Todos, supostamente irmanados e interagindo, estavam dando um exemplo de amadurecimento.

Ledo engano. Infelizmente, mais uma vez, viriam as frustações.

Acreditava-se que a Constituinte de 1988 houve-se, definitivamente, posto um fim na desordem em que se vivia, quando da apuração das infrações penais no cenário brasileiro; sempre dominado pela baixa politicagem praticada nos três Poderes. Esse era o desejo, não só dos parlamentares, eleitos constituintes, como e, principalmente, do povo brasileiro, que estava cansado da hipocrisia dos que estavam dirigentes.

Revisitando-se a vigente Carta política, verifica-se que o consenso, nesse sentido, foi vitorioso entre os representantes do Povo. Escreveram-se ali, claramente, os Princípios que deveriam ser observados por tantos quanto exercessem parcela do poder delegado, na administração da "res publica".

Fiéis à regra maior, vigente em um estado democrático de direito, de que o cidadão tudo pode, exceto aquilo que lhe é proibido por Lei e de que o Estado posto se ponha no comando da ordem jurídica e na administração da coisa pública, tudo lhe é vedado, excetuado o que lhe está autorizado por essa mesma norma, de forma expressa, precisa e, claramente, decidiu-se que a atuação do agente público se faria nos estritos limites da sua competência, que ali se traçava, em razão da matéria, do local e da pessoa (materiae, loci e pesonae), fixando-se tais regras nos artigos 21 (exclusividade), 22 (privatividade), 23 (comum) e 24 (concorrente).

Faça-se a leitura atenta dos artigos citados e ver-se-á quanto estamos distantes do se concertou em 1988.   Assim, vejamos: exclusividade assegura o monopólio da atividade. É o que está implícito na concisa redação do "caput" do art. 21, seguindo-se os 25 incisos. Já o art. 22 diz que é privativo da União matéria sobre a qual, através da Lei Complementar, poderá autorizar os Estados legislar em questões específicas. Seria mais ou menos uma delegação de competência (consulte-se o seu Parágrafo único), posto que no art. 21 estão aquelas indelegáveis. Somente a União sobre elas pode dispor. No art. 23, a competência é comum da União, dos Estados, do distrito Federal e dos Municípios, fixando-se em Lei Complementar normas para a cooperação entre estes, tendo em vista o equilíbrio do desenvolvimento do bem-estar em âmbito nacional. Este é o texto do seu Parágrafo único. Finalmente, temos a competência concorrente no art. 24, estabelecendo-se nos quatro parágrafos o "modus faciendi".

Isto é o que chamaríamos de preâmbulo para compreensão das questões que se seguem. Conhecido e aprendido o básico, não será difícil entender porque no início desta manifestação ousou-se afirmar que se continua praticando baixa politicagem nos três Poderes, ao invés de se cumprir e fazer cumprir a Lei e, neste caso, a Lei Maior. Em se tratando de investigação criminal, com a consequente apuração das infrações penais e sua autoria, fazendo-se a coleta preliminar de indícios e/ou provas para que se promova, na forma da Lei, a responsabilidade criminal dos seus agentes, vemo-nos diante de uma verdadeira babel de textos e decisões que afrontam o sistema jurídico e o próprio estado democrático.

Essa questão é transcendental, pois gera uma insegurança total para a Cidadania e tudo mais que nela se alicerça.

Vejamos, por quê?

Examinemos o Título V – DA DEFESA DO ESTADO E DAS INSTITUIÇÕES DEMOCRÁTICAS. Os mecanismos constitucionais são: Estado de Defesa (art. 136); Estado de Sítio (arts. 137, 138 e 139), tudo previsto no Capítulo I, seguindo-se o das Forças Armadas

(Capítulo II), passando-se em seguida para a Segurança Pública (Capítulo III), encerrando-se com este, o Título V.

Ressalve-se para melhor compreensão que, há pelo menos três décadas, tentou-se colocar a SEGURANÇA PÚBLICA na Constituição, inclusive, no último governo militar, quando criou-se no Ministério da Justiça uma Comissão de alto nível integrada por Juristas e Delegados de Polícia, com a incumbência de elaborar projeto de Emenda Constitucional e anteprojeto de Lei Orgânica da Polícia Brasileira. Mas, pasme-se, na ocasião, o maior opositor do texto final (que acabou arquivado) foi um Senador da República, pelo Espírito Santo – Dirceu Cardoso – que tinha dois irmãos Delegados de Polícia do antigo Estado do Rio de Janeiro, o qual chegou a discutir asperamente com o então Ministro da Justiça, a ponto deste suspender os trabalhos da Comissão.

Grande era (sem dúvida) o espírito público daquele ancião que não admitia uma POLÍCIA JUDICIÁRIA de carreira e sim que o seu exercício fosse de exclusiva nomeação dos políticos. Isso, talvez, para ser fiel à tradição familiar.

A consequência desse episódio que vivenciamos na condição de relator da dita Comissão, nos leva hoje a reafirmar que muitas das conquistas da Cidadania na Carta de 1988, estão ainda no papel. E, enquanto isso perdurar, as Forças Policiais continuarão a cumprir o que se lhe determina o chefe político da região, sem a menor garantia para os titulares do direito violado e riscos ainda maiores para a prestação jurisdicional.

Voltemos ao Título V.

A defesa da Pátria (leia-se, do Estado) e a garantia dos poderes constituídos é responsabilidade das forças Armadas, enquanto a da Cidadania é das Forças Policiais. Em um daqueles cenários adversos (Estado de Defesa ou de Sítio), a atuação de ambas deve fazer-se de forma harmoniosa e interativa. Entretanto, no dia a dia, o que vê é um verdadeiro "imbróglio napolitano" nas capitais e regiões metropolitanas daqueles Estados, onde as organizações criminosas comprometem a ordem pública e desafiam os poderes constituídos.

Por falta de lei federal que discipline a organização e o funcionamento dos órgãos responsáveis pela segurança pública, de maneira a garantir e eficiência de suas atividades, conforme está expresso no parágrafo 7º do art. 144, integrantes das Forças Armadas têm atuado em missões de natureza estritamente policial, que mais tarde serão questionadas nas cortes superiores da justiça federal.

Quando falamos em segurança pública, mais precisamente da incolumidade das pessoas e do patrimônio, reportamo-nos à ação preventiva destacada no "caput" do art. 144, que DEVE SER DESENVOLVIDA pelas Polícias (federal, rodoviária federal, ferroviária federal, polícias civis, polícias militares e corpos de bombeiros militares), para as quais falta a regulamentação do parágrafo 7º, pois todas devem realizar obrigatoriamente um trabalho preventivo, como ali se lhe determina o texto mencionado, sem superposições, subordinações ou vazios. Essa ausência de norma de direito positivo gera o que temos visto em termos de segurança, que acaba por desaguar em terreno fértil para que surjam organizações criminosas, comuns e/ou sofisticadas, estas mantidas em berçários bem montados, assaltando os cofres públicos e debochando das pessoas que ousam incomodá-las.

Com o surgimento em nosso país da imprensa investigativa, que já começa a ter ameaçada sua missão constitucional de informar e de ter respeitada a sua opinião, quando pautada nos precisos limites da lei, a Cidadania vive hoje momentos de expectativa e angústia porque os que deveriam zelar pela coisa pública e pela observância do lhe que está determinado no art. 37 e seguintes da Carta, cada vez mais são os responsáveis pelos malfeitos.

Daí porque, a ordem dominante nesse submundo é de não dar ao Cidadão o instrumento eficaz para ser por ele manejado. Nos referimos à LEI ORGÂNICA DA POLÍCIA BRASILEIRA, que poderá transformar o seu destinatário no primeiro guardião dos direitos da Cidadania.

Em outro ponto ela viu-se frustrada na Carta de 1988.

Examinemos no Título III (Da Organização do Estado) o Capítulo IV (Das Funções Essenciais à Justiça) e nos depararemos com uma ausência transcendental. Referimo-nos à resistência oposta a uma das garantias, talvez, a maior para o Cidadão. Exemplifiquemos: quando houvesse violação de direitos ou regras, cuja ação do agente fosse definida como crime, este seria objeto de investigação, a cargo de ente estatal, onde se asseguraria aos seus executores as mesmas garantias deferidas aqueles que exercem funções essenciais à justiça: Ministério Público, Advocacia Geral da União, Advocacia e Defensoria Pública – arts. 127/135.

Como o sistema jurídico brasileiro rejeitou o chamado juizado de instrução, optando por manter o tradicional inquérito policial e atribuir-se somente à polícia do Cidadão – a Polícia Civil – o exercício da polícia judiciária e a apuração das infrações penais, revogou-se, definitivamente, o velho parágrafo único do art. 4° do CPP, onde se permitia que qualquer pessoa que fosse do agrado e confiança da chamada classe política, também instaurasse e tivesse a sua presidência, desde que assim fosse previsto em lei que não a instrumentária.

Velha e desgastada política do poder absoluto desses semideuses que houvessem se apoderado do poder.

É óbvio que com uma leitura atenta dos novos Princípios da Carta, em sendo monopólio da Polícia do Cidadão e não mais do Estado, o exercício dessa atividade, dúvida não há de que, para a prestação jurisdicional em sede criminal, a POLÍCIA JUDICIÁRIA também é função essencial, como a PÚBLICA ACUSAÇÃO e DEFENSORIA PÚBLICA e, bem assim, a ADVOCACIA GERAL DA UNIÃO e a ADVOCACIA.

Definiu-se na Constituição de 1988 que a Justiça Criminal é monopólio do Juiz togado, cujas garantias e prerrogativas estão nela elencadas nos artigos

93/126, cabendo-lhes, com EXCLUSIVIDADE processar e julgar.

Ao Ministério Público reservaram-se semelhantes prerrogativas, garantias e vedações, assegurando-se-lhe a PRIVATIVIDADE da propositura da ação penal. Aqui, diferentemente do magistrado judicante, a sua competência não é exclusiva, apenas privativa (leia-se com atenção os artigos 21 e 22), eis que o inciso LIX do artigo 5º, devolve ao titular do direito violado a iniciativa de propositura da ação penal, agora, privada, aquela mesma que o Estado depositara nas mãos do MP, caso esse não exercite esse "munus" público no prazo fixado na lei processual.

Atente-se, contudo, que o MP não retoma a direção da ação penal, como anteriormente estava previsto na lei adjetiva, ante a reprodução parcial daquele texto.

Por isso, responde ele penalmente (por prevaricação) na hipótese do recebimento da ação, agora manejada pelo cidadão e não mais pelo Estado.

Em momento algum exercita qualquer um deles atividade de polícia judiciária. Não investiga, não apura, porque o seu momento não é aquele. Está a POLÍCIA JUDICIÁRIA a cargo de outro ente do mundo jurídico estatal, da qual tem o seu absoluto monopólio.

Quem investiga, não acusa, assim como, quem acusa, não investiga e quem julga, jamais investiga e acusa, enquanto vigente o modelo consagrado no sistema jurídico positivo pátrio. Não há na Carta de 1988 qualquer exceção a esse princípio e, se antes, existia qualquer autorização nesse sentido, o seu texto foi definitivamente revogado pela Lei Maior.

Feito o exame mais acurado das prerrogativas, garantias, direitos, deveres e competências dos membros dos outros dois Poderes – Executivo e Legislativo – não é encontrada na Carta Política nenhuma menção ao possível exercício da polícia judiciária. Quanto muito, admitir-se-á o exercício da polícia administrativa, dentro do conceito de Poder de Polícia do Estado como um todo, limitado à relação com o público, no âmbito da repartição, que cessa a partir do momento quando há condutas com tipicidade penal.

O que se assegura aos membros e/ou ocupantes de cargos ou funções relevantes do Estado (e aí estaremos seguindo a tradição colonial), é o processo e julgamento em foro especial, para onde deve ser encaminhado o INQUÉRITO POLICIAL, quando há notícia de crime praticado por quem tem esse privilégio.

O foro especial não impede a instauração do procedimento preliminar do persecutório penal, nem transfere a sua deflagração para outro ente do mundo jurídico, assim como não necessita de nenhuma prévia autorização judicial ou legislativa para que o delegado de Polícia exercite seu "munus".

Isto é que está determinado na Constituição. O resto mais é invenção dos que não aceitam o princípio da partição do procedimento criminal. Se não forem suficientes os elementos indiciários para a imediata atuação do MP, a este cabe requisitá-los à Autoridade Policial, jamais investir-se dessa atribuição constitucional, hipótese, se ocorrente, estará usurpando função pública, não reservada ao fiscal da lei. Também é um malfeito, hoje muito em voga, quando a ação das quadrilhas, praticantes dos chamados "crimes do colarinho branco" e "dos punhos rendados".

Muito elementar mesmo, mas sofisma-se com a maior desfaçatez, a ponto de termos aberrações, como utilizar-se o inquérito civil para apurar a procedência de notícias sobre possíveis práticas criminosas, buscando-se elementos de prova para instruir denúncias ou mesmo fazendo-se diligências de natureza estritamente policial, deixando para todos nós a impressão que o sistema jurídico foi abolido. Isso nada mais é que o "indagine" do modelo italiano que se quer implantar a qualquer preço no Brasil e que tem servido de mal exemplo para o legislativo, quando transforma o inquérito parlamentar (as CPI's) em simulacros de inquéritos policiais, agindo os seus integrantes como se tivessem legitimidade para tal (falta-lhes competência e atribuição constitucional na hipótese de crime).

Como o sistema resiste à observância da Lei Maior, parafraseando certo político, diríamos: nunca antes como agora (sic), as manchetes das páginas policiais foram tão ocupadas com os malfeitos de pessoas que não querem ser investigadas pela POLÍCIA DO CIDADÃO, porque a sua nobreza não pode ser tisnada pela ação de um simples Delegado de Polícia, que apenas presta contas à Sociedade e não ao chefe administrativo da repartição que lhe serve de base física e apoio logístico para o exercício de atividades de primeiro garantidor dos direitos da Cidadania.

Reconheçamos, contudo, que muitas são as polícias que ocupam as manchetes dos jornais formadores de opinião pública, que apenas servem a quem as constituem e nomeiam os seus titulares. Estes, nenhuma autoridade detêm, mas muito servem para atrapalhar e desviar a investigação dos seus reais propósitos.

Somente quando a Cidadania despertar desse profundo pesadelo; quando a imprensa livre exercitar na plenitude o seu direito-dever de bem informar, para que a opinião pública possa mudar   esses perniciosos hábitos, se poderá alimentar um fio de esperança de que o parágrafo único do art. 1º e, em especial, o "caput" do art. 5º estarão sendo cumpridos por quem está no exercício dos Poderes da República Federativa do Brasil, caso contrário a POLÍCIA JUDICIÁRIA BRASILEIRA caminhará para o caos.   Sua extinção não é algo imprevisível, assim como a nossa condenação nos tribunais internacionais, por violação dos mais comezinhos direitos humanos e das leis que juramos cumprir.

É preciso mudar.   Sim, mas para melhor, aperfeiçoando o que temos de bom e não ampliar os maléficos privilégios que nos legou o sistema feudal dos clãs familiares, que sempre tudo puderam, cevando-se eternamente do suor alheio.

A POLÍCIA JUDICIÁRIA, como auxiliar direta e imediata da sadia e justa prestação jurisdicional é, inquestionavelmente, a garantia maior da Cidadania e que vive estupefata diante das variadas formas inventadas para se apurarem os "malfeitos" desses clãs privilegiados.

Para os espíritos desarmados de quaisquer preconceitos, a visão que se tem dos rumos porque segue a polícia judiciária brasileira é que são perigosos, levando-nos à desobediência coletiva e a ferirem de morte o próprio estado de direito.

Encerraríamos, fazendo a todos o apelo para que se cumpra a Constituição.

Chega de jeitinho brasileiro!

Rio de Janeiro, 25 de julho de 2011.

ALBERTO CALVANO – Delegado de Polícia Aposentado

ENTREVISTA AO JORNAL DO DELEGADO

Dr. ALBERTO CALVANO, o senhor é o decano dos Delegados de Polícia do antigo Estado da Guanabara e, também, do quadro de professores da Academia de Polícia "SILVIO TERRA". Como vê a questão da segurança pública em nosso país?

R. Não sei se o termo correto é segurança pública ou se deveríamos falar em insegurança pública e segurança nacional. Desde 1981, quando integramos um GT do Ministério da Justiça, passamos a ter uma visão macro da questão e a acompanhar, a nível nacional e estadual, a postura das administrações que se sucederam e como fizeram investimento nessa delicada área. Infelizmente, somos obrigados a admitir que se perderam recursos públicos, tempo precioso e se permitiu o surgimento do crime organizado em nosso país.

Por que segurança nacional?

R. Porque a segurança nacional repousa sobre a segurança interna, a segurança do cidadão e das instituições permanentes, da ordem jurídica e da autoridade pública. E Estado de Direito não pode admitir que se crie um "estado Paralelo", usurpando-lhes o espaço vital, ditando regras comportamentais, estabelecendo outros padrões éticos-morais e uma "nova ordem jurídica". É o que vemos estar em curso em nosso país, deixando atônitos a sociedade e, especialmente, os profissionais da área de segurança interna e externa.

A que se deve essa crise?

R.   Diríamos que, em princípio, o despreparo e a desqualificação técnico-profissional têm se constituído em fatores adversos para o sucesso de qualquer iniciativa nessa área. A falta de conhecimento, a inexperiência, a permanente improvisação, o amadorismo, a cultura empírica e a visão   micro das questões macro, fazem com que não se tenha um plano nacional de segurança interna e externa.   A classe política não abre mão das soluções de colete (de algibeira). Sentem-se e agem como se fossem os donos da verdade e isso afasta, cada vez, mais a administração pública da   realidade fática.

E, no Rio de Janeiro, como vê essa questão?

R.   Em nosso Estado a questão é mais grave, porque serve de modelo para os   demais estados da federação. Queiram ou não algumas pessoas, o Rio ainda é e sempre será a caixa de ressonância para o resto do país.   Não perdeu e não perderá a condição de centro nervoso da política, das finanças e da economia brasileira. Isso faz com que a área da segurança pública seja mais afetada e se constitua sempre em matéria de primeira página dos grandes órgãos de imprensa, da abertura do noticiário radiofônico e, principalmente, das emissoras de televisão.

Como se comporta o poder público diante dessa realidade e dos problemas herdados?

R. Nos últimos 15 (quinze) anos, as administrações têm sido pouco felizes no enfrentamento das questões relacionadas com a segurança pública. Têm cometido erros crassos, porque insistem em não ouvir as cabeças pensantes da Polícia, a inteligência policial, preferindo os "carreiristas", mais dóceis àquilo que querem experimentar – aquele plano de algibeira, aquela fórmula mágica – desestimulando o público interno, cujos integrantes vão se afastando do cumprimento dos mais comezinhos deveres de ofício.

Seria uma forma dissimulada de calar a verdade, de ocultar a realidade, de se estabelecer uma espécie de censura, somente permitindo fazer chegar ao cidadão aquilo que interessa a quem está administrador?   Os últimos acontecimentos que ganharam manchete nacional e até internacional, tem algo a ver com essa fórmula de administrar a coisa pública? O episódio do ônibus 174, a queima de fogos no réveillon, o acidente no estádio do

Vasco da Gama e do parque temático, estariam dentro desse contexto?

R. A resposta é afirmativa. Não temos nenhuma dúvida quanto a isso, mesmo porque, em relação aos dois primeiros, tivemos participação efetiva, procurando, na condição de Delegado-Corregedor, corrigir as irregularidades, sanar falhas e restabelecer o primado da lei, na prática dos administrativos.

Circula no meio policial e até na imprensa a versão de que a sua remoça para um órgão eminentemente administrativo foi um ato visando calá-lo, porque no exercício da função pública apontou, em trabalhos técnicos-jurídicos, graves falhas do poder público como agente garantidor da incolumidade das pessoas e do seu patrimônio?
R. Quem deve explicações à Sociedade é quem praticou o ato em desarmonia com a ordem jurídica. Indagado um dos seus representantes a respeito, por um órgão da imprensa, respondeu que foi mero ato de rotina. Se tal afirmativa editada representa a motivação para o ato decisório, somos obrigados a reconhecer que a Polícia do Rio de Janeiro está submetida a uma dissimulada "lei da mordaça", o que não é bom para a Justiça, a Cidadania e a segurança interna, com reflexos, até na segurança

nacional, se considerarmos as nossas primeiras palavras sobre insegurança pública.

É verdade que naqueles acontecimentos, a sua conclusão foi no sentido de que o poder público foi o grande omisso?

R. Fizemos estudos a respeito, em razão da função que desempenhávamos na Corregedoria-Geral da Polícia, que resultaram em documentos oficiais encaminhados ao Dirigente do Órgão, para conhecimento e providências das autoridades superiores da administração pública, inclusive, até o nível de Chefe de Poder. Esse era o nosso poder-dever e o cumprimos fielmente. Somos daqueles que ainda obedecem à vigente ordem jurídica, submisso que somos à Magna Carta, apesar do mau exemplo dado por Chefes de Poder nos últimos tempos.

Esses documentos podem ser tornados públicos?

R. Como dissemos, os nossos estudos foram elevados a colegas Delegados de Polícia que estão Dirigentes dos órgãos superiores da Polícia Civil e, a eles cabe o dever de torná-los públicos e não ocultá-los. Ademais, por terem sido requisitados pelo Órgão de Execução do Ministério Público, hoje devem já fazer parte dos Inquéritos Policiais, devendo, inexoravelmente, sobre o seu conteúdo ocorrer manifestação.

Há outros casos recentes, envolvendo Delegados de Polícia que não abriram mão da sua independência financeira?

R.   A resposta é afirmativa. O instituto da REMOÇÃO sempre foi utilizado para colocar na "geladeira", não apenas aqueles que precisavam ser investigados mas, principalmente, os "rebeldes".

Seria correto dizer que na Polícia existe a "lei da mordaça"?

R. Mais uma vez, somos obrigados a responder afirmativamente. Hoje, mais   do que nunca, impera também a lei do silêncio, que os italianos chamam   de "omertà", infelizmente.   Mais do que o Delegado de Polícia, perde o   Ministério Público, a Justiça Criminal e, no topo de tudo, o CIDADÃO. A nossa esperança é que esses dois últimos, como instituições permanentes, não nos falhem.

174: UMA TRAGÉDIA QUE PODERIA SER EVITADA

> *"La Police Judiciaire est la que puisse avoeur une democratize."*
> CLEMENCEAU

Alguns acontecimentos no cotidiano da POLÍCIA poderiam ser evitados, se houvesse mais profissionalismo daqueles que são chamados a intervir nos fatos que reclamam providências do Estado.

Não estamos nos referindo aos atos antissociais com repercussão no estatuto penal, praticados por pessoas desajustadas socialmente, mas àqueles outros, decorrentes da ação do homem de polícia. São resultados indesejáveis, não buscados intencionalmente, mas quando ocorrentes, desgastam a imagem e a credibilidade das forças da ordem pública, como hoje passaram a ser denominadas as forças policiais, na mais moderna comunicação dos órgãos de imprensa.

No exato momento em que a administração pública estadual se preparava para lançar oficialmente o seu mais novo projeto na área da segurança pública, quando inauguraria a "Nova Polícia" – concepção palaciana de uma imagem construída em prancheta da POLÍCIA DO CIDADÃO – ao se tentar aproveitar um rotineiro episódio de porte ilegal de arma de fogo, para mostrar como atuaria o policiamento ostensivo fardado, a partir daquele momento, ruiu por terra todo o esforço e investimento financeiro alocados durante um ano e meio, por que esqueceram-se de nele incluir, primacialmente, o HOMEM DE POLÍCIA.

De há muito, vinha e vem ele sendo desconsiderado pelo Administrador Público – servidor temporário com extraordinário poder de mando da "res publica" – que pouco ou nada nele investe e, quando o faz, age de forma amadorística, que acaba por contaminar o segundo escalão, distanciando-o da base.

Como consequência, as operações policiais, notadamente aquelas de natureza preventiva, com caráter de ostensividade, apresentam-se sistematicamente deficitárias na relação custo-benefício. Investe-se muito e produz-se pouco ou quase nada.

Esse resultado não apenas frustra o HOMEM DE POLÍCIA, quanto e, principalmente, a própria

SOCIEDADE, que se vê na inoperância da instituição, a fragilidade das FORÇAS DA ORDEM. Inquestionavelmente, isso alimenta o poder paralelo do crime organizado.

A ocorrência policial verificada no dia 12 de junho de 2000, na Rua Jardim Botânico, área nobre da Cidade do Rio de Janeiro, capital do Estado do mesmo nome, batizada pela imprensa como "o episódio do ônibus da linha 174" foi, indubitavelmente, a mais triste demonstração de falta de profissionalismo na gestão da função de governo SEGURANÇA PÚBLICA. A tragédia, que o mundo viu ao vivo, tem um nome que a todos nos fere como se fôssemos atingidos por uma lâmina de navalha, em corte longo e profundo, que até hoje sangra, quando a imprensa retira dos seus arquivos aquelas imagens gravadas em plena luz do dia.

É preciso ter coragem e espírito público para reconhecer que a INCOMPETÊNCIA foi a causa maior da tragédia. Incompetência essa que teve prosseguimento nos atos que se sucederam, numa demonstração de que tão cedo a POLÍCIA não encontrará o caminho que o Constituinte lhe traçou na carta de 1988. As quatro horas que o público passou diante das câmeras de televisão, assistindo o desenrolar dos acontecimentos, seguiram-se, agora fora do vídeo, atuações em que preponderaram improvisações, total falta de entrosamento, omissões primárias e inequívoca ausência de comando e liderança.

As cenas transmitidas deixavam claro que estavam irreconhecíveis as forças policiais empenhadas naquela ocorrência, tal era a quantidade de erros. Todos pareciam extremamente cansados, com sinais evidentes de estresse. A racionalidade, o equilíbrio emocional e o bom senso mostravam-se ausentes, no passeio das câmeras e já começava-se a admitir que a tragédia não seria apenas aquela da rua Jardim Botânico.

E, a tragédia, comprovadamente, tinha um nome: INCOMPETÊNCIA.

Naquela noite, as emissoras de rádio e televisão ocuparam todos os horários com "flashes" sobre os tristes acontecimentos, com julgamento sumário da POLÍCIA, restando ao Poder Público a formalização dos atos para que a Justiça Criminal julgasse os seus integrantes. Como instituição, a POLÍCIA já fora condenada pelo tribunal de imprensa, esquecendo-se que apenas algumas pessoas, momentaneamente ocupantes de cargos efetivos ou temporários, eram os responsáveis diretos mediatos e imediatos pelos acontecimentos frustrantes da vontade popular e de governo.

Enfim, o que se poderia esperar de pobres amadores em um circo de horrores?

O tempo nos dirá!

HERÓIS E VILÕES

Dizem que a trincheira revela os verdadeiros heróis e também os covardes. Somente aqueles que lutam por um ideal justo suportam todas as vicissitudes e adversidades com que se defrontam, superando-as gradativamente, com respeito, inclusive, às regras do jogo, e àqueles com que pelejam. A lealdade e a justiça são lemas inarredáveis em suas vidas. Sem honra e dignidade, perde-se o valor intrínseco, como ser humano e cidadão.

São regras antigas e, por isso, verdadeiras. Assim chocam a todos, atitudes e posturas dúbias, falsas, destituídas de sinceridade, racionalidade e lógica. Não se compreende que alguém que está ao nosso lado, supreendentemente, se passe para as forças que nos querem subjugar, unindo a elas todos os recursos materiais e humanos que lhe deveriam ser opostos.

É, no mínimo, traição!

Todos conhecem, na Polícia Civil e, especialmente, na classe dos Delegados, a luta silenciosa que se trava entre os DELEGADOS DE POLÍCIA e os PROMOTORES DE JUSTIÇA. Não é ignorado que uns poucos, mas atuantes Membros do **Parquet**, querem mudar, **manu militari**, disposições da Nova Carta, para se transformarem em "quarto poder". Também, não é ignorado que uns poucos Delegados de Polícia fingem-se de desinformados, para não se desgastarem pessoal ou politicamente. Omitem-se sempre que lhes é possível fazê-lo.

Contudo, até então não se tinha conhecimento que Delegado de Polícia tivesse, por ação deliberada, praticado ostensiva e expressamente atos contrários aos próprios interesses e sobrevivência da POLÍCIA JUDICIÁRIA e do DELEGADO DE POLÍCIA. Jamais se poderia imaginar que uma AUTORIDADE POLICIAL fosse capaz de postura desse jaez. Mas, infelizmente para todos nós, eis que cai a máscara e se descobre a verdadeira face e estofo de quem se acreditava um lutador.

O episódio das "Centrais de Inquéritos" nos revelou muita coisa boa e também muita coisa ruim. As cosias boas ficaram por conta do desarmamento operado diante do perigo maior, unindo tendências antes em divergência, que canalizaram os seus esforços em defesa do cumprimento da CONSTITUIÇÃO e do CÓDIGO DE PROCESSO PENAL. Foi possível integrar nesse esforço até o Vice-Governador do Estado, responsável interinamente pelas Pastas da Justiça e Polícia Civil, advogado NILO BATISTA. Compreendeu S. Ex.ª como jurista de renome, que não poderia manter-se à margem dos acontecimentos, passando, por isso, a promover gestões junto aos Chefes do Poder Judiciário e do Ministério Público. Foi hábil e brilhante, no mínimo.

Nesse esforço institucional, pontificaram ainda o Corregedor-Geral da Polícia, Delegado LUIZ GONZADA LIMA COSTA e a Diretoria da ADEPOL, sob a liderança do delegado WALDIMIR SERGIO REALE. Os demais, continuaram a sustentar, em todas as frentes, o que de há muito vinham, fazendo.

Esse verdadeiro **mutirão pela legalidade**, permitiu que não se consumasse na Capital cultural e jurídica do país, um atentado de consequências imprevisíveis. Impediu que se revogassem disposições do Código de Processo Penal por **atos administrativos** e se promovesse, igualmente, a "revisão constitucional antecipada".

O provimento n° 255/91-CGJ teve a sua vigência adiada e, consequentemente, ficou sem objeto, a Resolução n° 438/91-PGJ.

Quando se acreditava que os Delegados de Polícia estavam vigilantes e vigorosos, cumprindo integralmente com as suas atribuições, aquelas mesmas que foram sustentadas como inalienáveis junto ao Vice-Governador e responsável pela Direção da Polícia Civil, e que possibilitaram o acordo entre os representantes dos dois Poderes, começaram a surgir as coisas ruins.

Nos Departamentos de Polícia da Capital, Interior e de Investigações Criminais, alguns Delegados de Polícia, equivocadamente ou culposamente, permitiram que muitos inquéritos policiais fossem entregues nas "Centrais de Inquéritos", fragilizando com isso as defesas da Instituição.   Não se pode afirmar que isso ocorreu intencionalmente, mas não poderia ter acontecido.

A máscara que veio ao chão e mostrou a face oculta do vilão, teve como palco o Departamento de Polícia da Baixada. O seu principal protagonista foi o Diretor-Geral, Delegado de Polícia HELIO TAVARES LUZ, aquele mesmo que se auto intitulou de "Xerife da Baixada" e que nos primeiros dias do mês de março de 1991, acusou, indistintamente, a POLÍCIA de corrupta e continuou na polícia, dirigindo policiais corruptos, numa área extremamente sensível e complexa como é a Baixada Fluminense.

Para que se tenha a exata compreensão da sua postura, transcreve-se abaixo o inteiro teor de informação prestada à Corregedoria-Geral da Polícia sobre o aforamento de inquéritos.

Queria s Se. Chefe de Gabinete solicitar aos Srs. Titulares o número de feitos encaminhados à Central de Inquéritos do Ministério Público conforme determinação do Provimento do Tribunal de Justiça.

Quanto à justificativa do encaminhamento, não será necessária haja vista que os encaminhamentos **foram feitos por orientação deste Departamento**.

Ademais, **inexiste ordem de administração superior para descumprimento de tais diretrizes** comunicadas a esse Departamento Geral.

Por tais motivos e por serem os encaminhamentos de nossa responsabilidade, inexiste motivo para instauração de qualquer responsabilidade por parte dos Delegados Titulares deste Departamento. (grifo nosso)

Parafraseando o próprio, diríamos que não é por aí que passa a verdadeira motivação para o seu gesto aético.

Lamentável a postura do delegado de Polícia, Diretor-Geral do DGPB expressa em seu pronunciamento, **enquanto Autoridade Policial**. Como

Autoridade Administrativa, a apreciação dos seus atos desloca-se para a instância superior, que promoveu as gestões junto ao Chefe do **Parquet** e Presidente do Tribunal de Justiça, em defesa das atribuições constitucionais e legais do Delgado de Polícia.

Ao final, não constitui surpresa para nenhum de nós a fragilidade de argumentação do Delegado de Polícia HELIO TAVARES LUZ.

ALBERTO CALVANO

Delegado de Polícia

MAIS UM MÁRTIR NA GUERRA DOS TÓXICOS

Finalmente, após 40 (quarenta) dias de sofrimento em seu leito de dor, encontrou a paz mais um herói anônimo da suja guerra que o crime trava com a lei em nosso Estado. Faleceu, em 28.5.91, no HMSA, onde se encontrava internado, desde que foi supliciado n o Morro da Providência, juntamente com o mártir Detetive REGINA COELI DA CUNHA AUGUSTO, mais um modesto servidor público, o Motorista Policial MÁRIO ALVES BARBOSA.

Morreu tão humilde quanto veio ao mundo. Com ele também morreram muitas esperanças, principalmente, as de sua família, de quem era o único sustento e segurança. Desapareceu o ideal e a esperança que muitos alimentam em sua infância e juventude ser útil e solidário ao seu semelhante.

Assim quis o "Senhor da Guerra" – Sua Excelência, o Marginal, para usar uma expressão lapidar do Procurador de Justiça, Dr. Mário Portugal Fernandes Pinheiro.

O "cidadão-delinquente" já havia decretado a sua morte, mas a férrea vontade de continuar vivo, fê-lo sofrer por mais 40 dias, esquecido por quase todos. O fato, tendo deixado de ser notícia, passou a ser página virada, até o meio policial, atropelado pelo elevado índice de ocorrências violentas. Ademais, não sendo ele, como a mártir REGINA COELI, pessoa de projeção social, não havia motivos para se deslocarem ou colocarem recursos especiais na busca dos seus autores. Não era empresário, político ou líder sindical.

Era apenas um policial.

E, como policial morreu. Deu a vida por nada. Deixou viúva, órfãos e nenhum bem de raiz. Deixou pobreza, angústia, dor e revolta. Deixou silêncio.

Assim é a vida do homem de polícia e de sua família. Dão os melhores anos de sua vida por uma causa nobre – o bem estar da comunidade – dela recebendo, na maioria das vezes, reprovações, incompreensões e desprezo. Dificilmente, se lhes reconhecem virtudes ou valor social: querem ser policiais. Morrem policiais.

São os verdadeiros heróis de uma sociedade, só que anônimos, como o foram em toda a sua vida, quando aceitaram o desafio de enfrentar o crime organizado sozinhos.

É preciso reformular objetivos e estratégias, em matéria de segurança pública, para que não continuemos levando à sepultura tantos policiais, que não podem reagir ao crime organizado, sequer com os mesmos meios.

É tempo de mudanças. A cidadania as reclama, urgentemente.

Chega de discurso, de retórica e de "medidas de impacto", apenas para melhorar a imagem pessoal.

ALBERTO CALVANO

Delegado de Polícia

MORTES DE INOCENTES QUE PODERIAM SER EVITADAS

Serão as políticas de segurança pública equivocadas? Por que necessariamente o confronto?

Por que a bala perdida? Por que tantos homicídios dolosos (direto ou eventual)? Por que se condicionou o homem de polícia (judiciária ou ostensivo-preventiva) a buscar sempre o confronto armado? O que foi feito da inteligência policial?

São indagações que povoam o nosso pensamento e que levam quase sempre a um quadro de angústia e desesperança. Tivemos melhores dias, quando a atividade policial, voltada para a segurança do cidadão e do seu patrimônio, estava entregue a um diminuto quadro de profissionais de polícia, enquanto a polícia de estado era encargo das chamadas forças auxiliares – os policiais militares. Militares de 2ª Classe que realizavam policiamento urbano uniformizado, enquanto os policiais civis promoviam atos de investigação e polícia judiciária. Algo muito simples, quase provinciano, mas que nos bastava para o nosso dia a dia.

O armamento vulnerante (armas de fogo) estava restrito à policia civil que, inclusive, tinha o direito de portá-lo, mesmo não estando de serviço. Os ditos policiais militares somente poderiam fazê-lo quando de serviço, pois o armamento era carga da unidade e não do seu usuário. Mais tarde, à semelhança dos oficiais das Forças Armadas, permitiu-se que os oficiais das forças auxiliares, também pudessem portá-las e mesmo assim, de calibre restrito.

Bom tempo aquele, de passado não muito remoto, mas de resultados menos traumáticos do que dos dias atuais. Em pouco tempo, chegou a modernidade e, com ela, toda uma gama de improvisações pontuadas por um amadorismo ceifador de preciosas vidas em nome de uma maníaca política de confronto armado que transformou a "urbe" em autêntico palco de lutas de vida ou morte entre facções criminosas alimentadas por corporação estatal treinada para matar, ensejando cenas de pura disputa por troféu que não a LEI E A ORDEM PÚBLICA.

O negro passou a ser então a cor preferida do estado democrático de direito e da indumentária tanto dos policiais civis, quanto das forças auxiliares (policial militar); uniformizou-se o aparato estatal empenhado em autêntica guerra civil urbana, indesejável para o convívio social e a própria segurança pública. Enquanto vivem o papel de mocinho, na luta contra o bandido, disparam as suas mortíferas armas, confeccionadas para a guerra e não para a manutenção da ordem pública. Para isso é que foram treinados e, periodicamente são reciclados sob o enfoque de matar e não neutralizar. Até parece um sonho pensar que um dia o policial, individualmente ou em dupla, penetrava sorrateiramente nos santuários de algumas quadrilhas de malfeitores comuns (naquela época ainda não se falava dos santuários dos criminosos do colarinho branco), para prendê-los na calada da noite.

Somos daquela época e, poucas vezes se enxugou gelo como se faz hoje, agredindo o bom senso e desacreditando os poucos profissionais de polícia que ainda não aderiram ao novo uniforme, que acabou por uniformizar a ação repressiva, levando-a a um padrão que mais aterroriza o cidadão de bem do que o próprio marginal.

QUE EXEMPLO DE EFICIÊNCIA E EFICÁCIA NOS ESTÃO DANDO HOJE A POLÍCIA E O MINISTÉRIO PÚBLICO FEDERAL, COADJUVADO POR UM JUDICIÁRIO DE PRIMEIRA LINHA! E relembrar que um dia assim também se operou contra o delinquente comum! Afinal, o que mudou? Dizem os eternos críticos dessas administrações que se sucedem no âmbito dos estados é que nestas há uma categoria de recebedores dos cofres públicos, autodenominados de "ONG's", repletas de policiólogos e outras espécies não catalogadas de "experts", como a dos especialistas em águas profundas que elaboraram o Projeto da NOVA POLÍCIA do RJ, que acabou com a rudimentar inteligência policial, descartada nestes quatro últimos lustros, por quem muito entendia de crime e criminalidade e nos deixou este triste legado de vertiginoso crescimento de homicídios dolosos, resultante da incompreendida política do confronto pelo confronto.

Pouco tem valido o empenho de uns poucos, enquanto a maioria está mais sensível em frequentar as manchetes policiais e conceder entrevistas que pouco ou nada acrescentam na resolução da questão enfrentamento ou inteligência policial, hoje colocada para quem se aventura a ingressar nas forças de ordem e agir com descrição e competência.

Enquanto isso, continuamos sepultando pessoas de bem, vítimas da incompetência gerencial da função de estado SEGURANÇA PÚBLICA.

Rio de Janeiro, 08 de agosto de 2015.

Alberto Calvano – Delegado de Polícia RJ (aposentado)

ALGEMAS E GRILHÕES

A Corte Constitucional Brasileira colocou, nestes últimos anos, em sua pauta de trabalho, matéria que pela sua natureza e finalidade excepcionalmente deveria ser objeto de sua jurisdição. Contudo, dentro do cenário em que vive o Poder Judiciário, tem conhecido e decidido originariamente pleitos em que o recorrente "latu sensu" queixa-se de supostos excessos praticados pelo braço operacional da própria Justiça.

Sabidamente a atividade de polícia judiciária, por força de mandamento constitucional, é atarefa e monopólio de um ente do poder público, vinculado ao Poder Executivo, assim como o Ministério Público. Ambos, a rigor da Lei Maior, devem interagir em momentos distintos, com vista à propositura da ação penal pública, harmonizando a atuação dos seus agentes. Como garantidores dos direitos fundamentais do Cidadão, agem na conformidade das expressas determinações constitucionais e leis de menor hierarquia. Tudo dentro da LEI, velando e zelando, para que predomine o estado democrático de direito e o devido processo legal, em todas as intervenções do administrador da "res publica".

Quando se verificam excessos na ação operacional desses gestores ou gerentes, à semelhança do corpo humano, as instituições reagem aos desvios, eliminando do seu seio as células malignas. Os mecanismos de autodefesa são a segurança maior da Sociedade onde estão inseridas. Não se proíbe por decreto que alguém venha a adoecer, mesmo porque a natureza humana já dotou o ser humano dos mecanismos internos de alerta e tratamento, admitindo-se, quando muito, o auxílio externo, como coadjuvante.

Desde priscar eras o HOMEM tem se valido dos mais variados meios e utensílios para se proteger e sobreviver à ação dos predadores, seja quanto à sua integridade física ou patrimonial. Em havendo riscos ou perigo, utiliza moderadamente os que estiverem disponíveis e atendam às necessidades e circunstâncias. Manietar o predador, assim como proteger, materialmente, o bem sob riscos, constituem práticas que se perderam na poeira do tempo. Proibir a autodefesa, seria o mesmo que entregar o titular do direito a riscos absolutamente desnecessários e inexplicáveis. Estabelecer que o exercício do direito de autodefesa e da própria sociedade deva ser submetido ao PRÉVIO exame, e decisão de quem está diante do cenário, é colocar GRILHÕES nos menos afortunados financeiramente e manter DESALGEMADOS os predadores dos direitos individuais ou coletivos e do próprio estado democrático de direito.

Não há como, material e juridicamente, estabelecer regras para que o policial e o próprio juiz criminal, monocrático ou colegiado, aguardem autorização PRÉVIA do STF, para preservar a aplicação da LEI. Esta, por sua vez, não o proíbe porque, sabidamente, o constituinte não a incluiu como regra, no artigo 5º da CR.

Há quem busque historicamente explicar e até mesmo justificar o uso dos GRILHÕES, primeiramente nos escravos, fossem eles brancos ou negros, pela simples razão de serem eles botm de guerras de conquistas e, mais tarde, aos condenados pela "sabia justiça", tão bem colocada nas obras de VITOR HUGO, ganhando dessa forma uma conotação altamente pejorativa.

Hoje, diante de recente Súmula do STF, se por um lado se protegem os investigados ou acusados de práticas de crimes, ironicamente chamados de "CRIMES DO COLARINHO BRANCO", de possíveis excessos no cumprimento de mandados judiciais, por outro, cria-se no espírito do cidadão comum a suspeita de que a prestação jurisdicional se opera inobservando o princípio isonômico ("todos são iguais perante a LEI") e que as ALGEMAS nada mais são do que os velhos GRILHÕES dos desafortunados e somente a eles devem ser aplicados, perdendo assim a moderna concepção de instrumento de preservação da integridade física ou vida do condutor e do próprio conduzido, garantia da preservação da ordem jurídica e da ordem pública, assim como da prestação jurisdicional.

QUEIRA Deus que estejamos equivocados, porque suspeitamos que o sapateiro tenha ido além das sandálias.

Rio de Janeiro, 15 de agosto de 2008.

Alberto Calvano – Delegado de Polícia (aposentado)

NARCOTRÁFICO: a crítica pela crítica?

Não mais nos deveríamos surpreender com certas posições oportunistas de quem está momentaneamente em condições de ajudar a remover não o entulho do autoritarismo, mas daqueles que optam por continuarem ocultando a verdade sobre a atuação do narcotráfico no Rio de Janeiro, preferindo criticar instituições e pessoas que estão se expondo a riscos maiores, para tentar salvar o Estado de Direito do domínio dos narcotraficantes e o seu suporte financeiro – os USUÁRIOS e VICIADOS.

Estes sim, os maiores responsáveis pela ação predatória dos seus FORNECEDORES, têm assistido de camarote, os novos centuriões serem abatidos pelo "fogo amigo" como, lamentavelmente, se colhe hoje das inexplicáveis declarações atribuídas a policiólogos da OAB-RJ, e do LAV-UERJ. (O Globo pág. 13 – 09.09.2011)

Equivocam-se essas cultas personalidades ao focarem suas críticas nos abnegados que estão nas trincheiras de uma guerra sem quartel, onde tudo falta, desde os básicos recursos financeiros e preparo profissional adequado às novas situações eclodidas nas insurgentes comunidades carentes, até ao apoio moral imprescindível para continuarem na sua missão.

Os policiais ou os militares do Exército não impuseram aos moradores daquelas comunidades, quaisquer restrições aos seus direitos essenciais a uma convivência pacífica e ordeira com os seus concidadãos. As pessoas do bem querem que eles ali continuem, enquanto as do mal os agridem de todas as formas, para obriga-los a uma reação mais coercitiva, criando um simulacro de ato abusivo. Bacharéis em Direito e Sociólogos, não são leigos nesse campo e, portanto, não poderiam cometer erro crasso, como o contido naquelas afirmações. Não se venha com violação de princípios constitucionais pelos operadores da questionada missão. Não se substituam os verdadeiros responsáveis pela anomalia, acusando-se os que receberam ordens para ingressar em território dominado pelo narcotráfico, porque as imagens transmitidas ao vivo desmentem peremptoriamente as acusações dos entrevistados, que melhor agiriam se não calassem a verdade ou apenas permanecessem silentes.

Aquelas afirmações são um desserviço à Cidadania e ao Estado e somente fazem aumentar ainda mais a ousadia dos malfeitores e o descrédito nas instituições atacadas. De onde se esperavam palavras de alento e esperança, colhem-se venenosos espinhos camuflados. Sinais dos novos tempos? Inexperiência? Incorreções conscientes? Os fatos supervenientes e o tempo nos dirão.

E, enquanto isso não ocorre, os responsáveis de direito por essa anomalia, continuarão a fazer belas conferências e/ou residir de fato em Paris.

Rio de Janeiro, 10 de setembro de 2011.

ALBERTO CALVANO

POR QUE ESTAMOS FALHANDO NA REPRESSÃO AO CRIME

Graças ao controle externo que a mídia sadia exerce sobre as instituições públicas, cumprindo o seu direito-dever de bem informar a Cidadania, temos conhecimento de quem na área de prestação jurisdicional, o tripé formado pela POLÍCIA – MINISTÉRIO PÚBLICO – JUSTIÇA tem funcionado precariamente, a ponto de se criarem "metas" para se dizer que essas instituições essenciais à JUSTIÇA estão em dia com as suas obrigações constitucionais.

Por um lado essa postura é muito salutar, porque sacode a opinião pública, despertando-lhe um sentimento de culpa pela cumplicidade gerada por sua permanente omissão mas, pelo outro lado, deixa-nos descrentes da eficiência e eficácia de desempenho daqueles a quem se pagam fortunas em salários, pela prestação do serviço contratado. Não mais se tem dúvida de que está ele rompido unilateralmente e que se dane o cidadão que deixou de fiscalizar integralmente o seu cumprimento.

Nessas duas últimas décadas inventou-se (não no sentido de descobrir) muito no âmbito das instituições públicas.   Hoje o nosso vocabulário ortográfico foi acrescido em mais da metade de siglas e expressões vazias.

As últimas intervenções da mídia, em edições quase que diárias sobre esse simbolismo, que mais define a inépcia de quem está a frente das instituições responsáveis pelas atividades operacionais, têm deixado perplexos quantos se dedicam à leitura dos jornais que estampam manchetes como as do jornal O GLOBO, levando-nos às páginas internas onde o cadáver é dissecado. Chocante é a declaração atribuída a membro do MP fluminense, transcrita na edição de 17.09.2011 (página 20), como título da reportagem assinada pelo profissional Chico Otávio: "SOB NOSSO OLHAR, MONTANHA DE CADÁVERES", relacionada com o fantástico arquivamento em massa de 6.447 inquéritos policiais de crimes de homicídios, para se cumprir a "meta 2" estabelecida pelos Conselhos de classes.

De tudo que se diz e se transcreve parece que estamos diante de uma grande "bacia de Pilatos". Ninguém assume nada.   Concluindo-se, clara ou dissimuladamente, que a grande responsável é a POLÍCIA: "o Ministério Público tem sido omisso no controle externo da atividade policial. Se a polícia falha, é nossa obrigação cobrar a correção". O autor dessa pérola parece dissentir do restante dos Membros da sua instituição que sustentam ter o MP atribuição investigatória concorrente e, portanto, assumem igualmente o ônus que ora se cobra da POLÍCIA JUDICIÁRIA, constitucionalmente, monopólio da POLÍCIA DO CIDADÃO (Polícia Civil). Esta (a PCERJ), em um determinado governo populista, foi a grande vítima dos malfeitos de uma administração que frustrou toda uma nova geração de novos profissionais de segurança pública, que acreditaram na grande farsa que foi a criação das "DELEGACIAS LEGAIS", verdadeiros sacos sem fundos por onde escoaram milhões de reais, em um projeto que já nasceu morto pela filosofia que se propagava, fruto do amadorismo daqueles que estavam no gerenciamento da "res publica".

Sem medo de errar ou cometer grave sacrilégio, pode-se afirmar que a situação se agravou no campo da investigação policial quando esta foi substituída pela bem montada vitrine que, felizmente, ainda tem alguns pontos positivos, erro cometido pelo autor do projeto, especialista em pesquisas de águas profundas, de universidade federal reconhecidamente pioneira em nosso país mas, ao que se presume, não possuía nenhum conhecimento sobre a problemática da segurança pública e o seu fantástico entorno com a chamada classe política, que sempre colocou o órgão de execução a seu serviço.

Não faria mal nenhum à sociedade e, muito menos, à prestação jurisdicional que se repensassem os conceitos e as estratégias que nos levaram a essa desonra no cenário interno e no internacional. Ainda há tempo para o arrependimento "venia concessa".

Rio de Janeiro, 20 de setembro de 2011.

ALBERTO CALVANO

CENAS PÚBLICAS QUE DEPRIMEM A REPÚBLICA

Nem no velho Senado do combalido Império Romano vieram a público cenas grotescas da corrupção que destrói o estado democrático, em pleno século XXI. É inquestionável a amplitude dos malfeitos dos chamados servidores temporários, no exercício da "res publica". Cédulas de moeda oficial (... mais de 150 mil reais) que estavam em uma sacola foram espalhadas em um gabinete do governo do DF, no curso de verdadeira operação de guerra, com pessoas envolvidas em luta corporal, para que a "mazzeta" fosse devolvida aos supostos remetentes. Estes são os nossos "brasis"! Segundo nos transmitem os canais de televisão, a alegada recusa de receber a propina, teria desencadeado a triste cena que Pindorama, mais uma vez, teria de suportar.

Razão tinha velho político gaúcho quando afirmava que o problema brasileiro é uma questão apenas educacional. Eduquem-se as crianças e demos-lhes o bom exemplo, que estaremos resgatando anos e mais anos de abandono.

Pobre leitor que, às vésperas de um ano eleitoral, está obrigado a votar no menos pior. O nosso sistema é um primor de incongruências. Somos extorquidos dos nossos direitos constitucionais por quem não podendo ocupar o mais modesto cargo público, através de concurso, por não possuir Ficha Limpa, pode ocupar cargo maior de legislador (servidor temporário), porque a tal "lei" a ele é inaplicável. É a velha história do "sangue azul". Este tudo pode, inclusive ser protagonista de cenas como a ocorrida na Capital desta heroica República.

"Quousque tandem abutere patientia mostra, Brutus"?

Os sobreviventes contarão a estória!

Rio de Janeiro, 09 de dezembro de 2011.

ALBERTO CALVANO

ALGEMAS? POR QUE ALGEMAS? USEM-SE APENAS OS GRILHÕES.

O jornal O Globo, na edição de 15/12/2011, na coluna OPINIÃO, mais uma vez, aborda tema que se esperava vencido, depois da manifestação da Corte Constitucional (STF), onde procurou regulamentar o uso de meio de contenção de quem tem contas a ajustar com a Justiça, desde a fase preparatória do processo penal, que se instaura com o recebimento da denúncia, até a sentença condenatória.

Na mesma edição são publicadas duas cartas de leitores, expondo sua "opinio" sobre a essa questão tormentosa, para que não se apliquem a algumas personalidades os grilhões destinados aos desafortunados, como entendimento por nós expendido à época em que a mídia publicou a decisão. O nosso texto não mereceu por parte do editor da coluna Cartas dos Leitores tal destino, ficando nos seus arquivos os escritos, privando este assinante de compartilhar de discussão que não se encerrará, enquanto não reeducarmos algumas pessoas que exercem cargo ou função pública, fazendo-as conscientizarem-se de que, de há muito, deixamos de ser apenas uma colônia.

Agora, diante de fato não inédito, a matéria volta à pauta e vemos para satisfação, embora tardia, que a "opinio" deste assinante, não está muito distante do "veredictum" da imprensa saudável e republicana, sintetizada no título-libelo: "Discriminação e arbítrio no uso de algemas".

"Todos são iguais perante a lei, sem distinção de qualquer natureza". A LEI que se reporta o art. 5º da Constituição de 1988, é a própria Carta Republicana, ante a clareza meridiana das cláusulas pétreas, de que é guardião maior o SUPREMO TRIBUNAL FEDERAL, através da judicatura dos seus Membros, de quem se espera um honroso desempenho, enquanto estão no exercício de cargo público, de livre escolha e nomeação do Chefe do Poder Executivo.

Rio de Janeiro, 15 de dezembro de 2011.

ALBERTO CALVANO

POR QUE DEMITIR NELSON JOBIM?

A quem interessaria a demissão do Ministro da Defesa?

Obviamente que a Cidadania não está sendo consultada a respeito e, muito menos lhe pode ser atribuído qualquer malfeito no trato da "res publica", que impusesse o seu imediato afastamento do exercício do cargo por quem está no gerenciamento dos destinos da Nação.

Não chegou o Cidadão JOBIM a tão importante cargo porque pertenceria a este ou àquela agremiação política partidária, mas pelo seu respeitável "curriculum" que construiu ao longo da sua vida desde que veio à luz em Santa Maria (RS). Caminhou por caminhos pedregosos e soube manter-se de pé diante de todos os obstáculos.

Conheci-o nos idos de 1993, quando era Deputado Federal, durante o período da revisão constitucional, de cuja Comissão Revisora era o Relator. Impressionou-me bastante, não pelo seu porte físico e simpatia, mas por sua franqueza e competência no manejo das questões políticas e, principalmente, pela juridicidade dos seus posicionamentos, que o credenciaram a afastar-se da sua banca advocacia e atuar, galhardamente, nos três Poderes da República: foi Parlamentar, Ministro de Estado e Ministro do Supremo Tribunal Federal, onde se aposentou, depois de ter presidido a Corte Suprema.

Inquestionavelmente, um "curriculum" invejável. Jurista de escol e ex-magistrado judicante tem merecido o meu aplauso, até mesmo quando se mantém calado. Segue o princípio popular que "o silêncio vale outro". Como um homem da fronteira sabe estar atento e vigilante e, a sua nomeação para o jovem Ministério da Defesa não poderia deixar de ser o prêmio maior da sua envergadura. Andou bem o ex-presidente da República, assim como demonstrou igual aptidão a atual Presidenta, mantendo-o no cargo.

Cremos que as Forças Armadas também estão satisfeitas, assim como a Cidadania. Por isso não conseguimos entender por que se está trabalhando nos bastidores para desfenestrá-lo. Como ex-chefe do Poder Judiciário, está agindo corretamente. Como Ministro de Estado, tem sido leal e competente e, como Cidadão, nenhum reparo lhe pode ser feito. Até quando se sabe, mantém-se distante daqueles e daquilo que hoje está permanentemente na pauta de toda imprensa.

De parabéns a República que tem na sua representação homens como o Cidadão NELSON JOBIM. Basta de inveja e de retaliações.

Rio de Janeiro, 30 de julho de 2011.

ALBERTO CALVANO (Delegado de Polícia aposentado)

PROMOTORIAS DE INVESTIGAÇÃO PENAL:
castelos de areia

Já se vão mais de duas décadas desde o momento em que o Ministério Público Brasileiro, especialmente o do Rio de Janeiro, seguido muito de perto pelo de São Paulo, assumiu publicamente a postura de quarto poder, criando à semelhança do congênere italiano, funções que o Povo, na Constituinte de 1988, reservara a outras instituições permanentes. Referimo-nos à atividade de Polícia Judiciária e investigação criminal, depositadas pelo art. 144 da Carta Republicana nas mãos da Polícia do Cidadão – a POLÍCIA CIVIL – (quer estadual ou federal, conforme a natureza do delito).

Sequer se deram ao trabalho de examinar a Constituição Italiana de 1947 ou o Novo Código de Processo Penal dos anos 80. Inovaram até em matéria legislativa, tamanha era a certeza de que seu sucesso eram favas contadas. Esqueceram de observar que o MP Italiano teve, tem e terá seus heróis, como um Borselino e um Falconi, que foram impiedosamente executados por trabalhares pelo bem comum, enquanto outros se mostravam preocupados em não correr riscos ou prejudicar uma brilhante carreira política, tal qual um Di

Pietro. Os exemplos, entre nós, são copiosos e tendem a crescer muito mais, se a Cidadania e o próprio Judiciário se mantiverem alheios a essas questões de fundo.

Hoje o MP/RJ está colhendo, como Fiscal da Lei, frutos amargos pela falta de humildade e espírito público. A impressão dominante que se desenha no cenário do mundo jurídico é de uma instituição que se perdeu pelo caminho, ante a diversidade de ocupação de espaço que persegue, ignorando os conselhos dos mais velhos, dos mais experientes e, principalmente, daqueles que sempre procuraram se afastar dos holofotes, da pirotecnia e de se apresentarem como os novos deuses do saber jurídico e da hermenêutica.

Advertências e aconselhamentos não faltaram aos que se sucederam na Chefia do MP fluminense na década seguinte à promulgação da Carta Republicana, em 05.10.88, sobre a inconstitucionalidade dos atos que praticavam ou estimulavam a desatenção dos novos princípios inscritos nos artigos 127, 128, 129 e 144, fazendo com que os operadores, servidores públicos altamente qualificados, vivessem em permanente confronto, quando deveriam interagir, como parceiros da persecução penal.

Por se colocarem acima da Lei Maior, geraram um clima de beligerância gratuita que tanto malo tem trazido para a prestação jurisdicional na área criminal, culminando com o surgimento das figuras do arquivamento sumário e/ou em massa, dos procedimentos preliminares dos persecutórios penais (e, até muitas vezes, até de crimes hediondos, que são imprescritíveis).

Nas reportagens do O Globo, edições de 04, 05 e 06 de setembro de 2011 e editorial Crimes Sem Castigo, na série "A Justiça que tarda e falha", o grande equívoco no enfrentamento dessa mal que se arrasta entre nós há mais de duas décadas, está justamente na questão básica que é entender-se segurança pública como função de governo e não de estado, dando-se tratamento político (conveniência e/ou oportunidade) a matéria eminentemente técnica-científica com roupagem exclusivamente jurídica e ênfase às cláusulas pétreas elencadas no art. 5º da Carta Maior.

A falta de intimidade com essas elementares regras para gerenciamento desse campo da administração pública tem ocasionado o desencontro das visões que os entrevistados têm da insegurança coletiva e dos riscos que ocorre o estado democrático de direito.

Já é tempo de se repensarem as estratégias aplicáveis à Segurança Pública em todo o país, com se tentou fazê-lo em 1981 o último Presidente da República do chamado Regime Militar, Gen. Ex João Batista de Oliveira Figueiredo, que clamou para ser esquecido e o foi plenamente atendido, pois todo o trabalho então desenvolvido no Ministério da Justiça, foi para a lixeira.

E, de lá para cá, muito pouco mudou e, quando isso ocorreu, foi para pior.

Que o diga o cenário que hoje se vive em nosso país.

Rio de Janeiro, 10 de setembro de 2011.

ALBERTO CALVANO

"LA PAROLA CHIAVE: PRESCRIZIONE"

A PALAVRA CHAVE: PRESCRIÇÃO

"Em 2012 foram quase 113.057 as prescrições". Mais da metade ocorreram durante as investigações preliminares. As medidas de arquivamento por prescrições do GIP (juízos de investigações preliminares) foram exatamente 67.252. Destas, 20.246 são as sentenças declaratórias de ocorrência da prescrição dos tribunais ordinários, 18.592 aquelas da Corte da Apelação. Da Corte de Cassação, em fins de 2012, foram pronunciadas 435 prescrições. Segundo, quanto dito pelo Vice-Ministro da Justiça, ENRICO COSTA "a maioria dos processos cai em prescrição durante a investigação preliminar; algumas destas prescrições têm o sabor de um temperamento patológico do princípio da obrigatoriedade da ação penal".

Este é o texto, vertido para a língua portuguesa, que se encontra publicado na edição de fevereiro de 2015, da revista italiana "Liber Etá", do Sindicato dos Pensionistas Italianos com sede na Via dei Fretani n. 47ª 00185, Roma tel. 06 44481291, e-mail redazione@llibereta.it, ao final da página 23.

O desabafo que, na língua de Dante está acima transcrito, decorre de pronunciamento do Procurador (GIP) RAFFAELE GUARINIELLO, em ação judicial proposta na justiça italiana contra a chamada fábrica da morte – a ETERNIT – distribuidora do letal AMIANTO.

O "MENSALÃO" – ATOS E FATOS

Como assinante do O GLOBO leio, com muita atenção, artigos produzidos por operadores do direito, notadamente de professores e julgadores, que constroem doutrinas jurisprudência. Hoje, 21/08/2012, deparei-me com uma tese dos eméritos educadores da FGV Direito Rio: Diego Werneck Arguelhes e Fernando Leal, sob o título: "Barbosa põe os fatos em foco", na qual é posta sob censura acadêmica a forma como o Relator Ministro JOAQUIM BARBOSA tem colocado para os seus pares e sociedade o seu juízo de valor sobre o que os atos e fatos nos autos se contêm.

Dizem que o Magistrado em vez de "pavimentar o seu voto com citação de respeitados juristas, tem feito ouvir a sua própria voz como juiz". E mais ainda, "não: ...pontuar cada argumento com uma citação de um clássico da última novidade nas rodas acadêmicas", preferindo, ater-se aos fatos e atos. Em suma: constituiu o seu juízo sobre o que aconteceu e quem deles teve participação efetiva - violação de tipos penais e "animus" do agente.

Em sendo instância única e terminal, não lhe competia ter conduta diversa, inclusive, pavimentando a estrada do contraditório e ampla defesa, no julgamento que o STF estará submetido pela sociedade, sempre a grande vítima dos malfeitos dos gestores da "res publica", quando este histórico por concluído.

Inquestionavelmente, dos atos resultam os fatos com repercussão penal e ao STF cabe, com exclusividade, sobre eles manifestar-se "In Casu", sempre sob o juízo de valor do Magistrado, que pode, perfeitamente, deixar de citar ou transcrever textos de outros cultores do Direito, sem que isso possa invalidar a aplicação da justa justiça que o Povo clama em todas as camadas sociais.

"Venia concessa", pelo respeito que nos merecem os eméritos educadores da FGV Direito Rio, ousamos acompanhar a corrente que entende não proceder a tese de que "essa explicação simples retira sua força da história contada no voto do relator". Não é ela, "minimalista", sob a ótica processual penal, mas suficiente para os operadores do direito. Para o público, talvez o seja, principalmente, quando assim colocada por quem ensina na tormentosa área do Direito Brasileiro.

Rio de Janeiro, 21 de agosto de 2012.

ALBERTO CALVANO (Delegado de Polícia aposentado da PCERJ)

O MENOR DELINQUENTE: a criminalidade juvenil e o E.C.A.

Cremos que é chegado o momento de nos debruçarmos sobre o ESTATUDO DA CRIANÇA E O ADOLESCENTE (ECA), para revermos conceitos e princípios que se desgastaram neste ½ de século sob vigência, questionados que foram desde os seus primeiros momentos.

Lembro perfeitamente, por haver participado de um Seminário, como expositor juntamente com Magistrados Menoristas, policiais, advogados e outros operadores do direito, com atuação na área, onde algumas experiências foram expostas e chamadas a atenção para aspectos ocorrentes, enfrentados pelas forças da segurança pública, quando diante de eventos protagonizados por "de menor", na vigência de normativas legais. Temia-se que a sociedade, com a nova ordem jurídica menoristas, tida como muito avançada para os nossos padrões culturais, se estava entregando um cheque em branco para quem sequer sabia ler. Houve quem, com ais experiência no trato com facções criminosas que já faziam uso de dessa mão de obra inimputável, afirmar-se que daquele momento histórico em diante, seria de todo impossível recuperar para a cidadania esses seres humanos ainda em formação, para poderem viver em uma sociedade ordeira e produtiva.

Dizia-se que se estava jogando fora uma matéria prima muito importante para o país, entregando-a aos novos escravagistas dos tempos modernos, para dela fazer usos nos seus mais obscuros propósitos. Era e é tão avançado o ECA, ao ponto de até disciplinar o corretivo que os pais podiam e podem aplicar aos filhos com pequenos desvios de conduta.

Como diria certo político que está levando a nação ao fundo do poço, autor de frase que tomamos emprestado, de que "... nunca antes neste país..." a liberdade para delinquir teve o aval do próprio estado-administração. O infante e o adolescente tudo podem e nada devem. São titulares absolutos de todos os direitos e nós apenas meros espectadores.

Por isso, o poder público tem de despertar de "dormir em berço esplêndido..." e tomar a iniciativa de modificar, para atualizar e tornar dinâmica a intervenção do Estado na relação "... de menor..." com o meio onde transita e esperar atingir a maioridade civil e penal. Não é necessário mudar a idade para que a responsabilidade penal (e, não é o cárcere o objetivo precípuo) e, ter de modificar a vigente Constituição, para dar ao "de menor" o tratamento socioeducativo necessário à sua efetiva e eficaz recuperação.

Basta, como já sugerido por quem entende do problema, que se adeque a vigente norma – o E.C.A. – à nossa realidade. Conhecemos pessoas (seres humanos do bem) quem foram internos do antigo S.A.M. e exercerem magistralmente a judicatura menoristas e, posteriormente, a colegiada, nesta Unidade da Federação. Tentemos, enquanto ainda há tempo, para não naufragarmos na praia. Nada é impossível neste nosso Brasil. Todos merecem uma nova oportunidade para tratar-se.

Rio de Janeiro, 23 de maio de 2015.

ALBERTO CALVANO – Delegado de Polícia RJ
aposentado

LAVA-JATO / "ERGA OMNES": EMPRESAS OU ORGANIZAÇÕES CRIMINOSAS?

A mídia investigativa está deixando as organizações criminosas que se instalaram no país, depois que uma agremiação político-partidária assumiu o gerenciamento do estado brasileiro, atônitas pela quantidade e transparência da sua produção jornalística. Os procedimentos mais corriqueiros no direito à informação e de informação têm forjado extraordinários processos de indiciamento dos chamados malfeitores do "colarinho branco". O formal e judicialiforme texto que desnuda os "larápios" infiltrados em empresas sérias e produtivas está criando para a administração pública posturas que põem em dúvida a sinceridade dos seus propósitos para com a nação.

Dizer que constitui "... abuso governo punir empresas" e, "... para ministro, construtora só pode ser barrada de licitações após investigação" é sobre modo abusar da inteligência do contribuinte que lhe paga super salário para cuidar da "res publica". Obviamente tal pérola tem o caráter partidário porque busca salvar outras organizações criminosas com estas associadas nesse prosaico "inter crimini" e, com isso, salvar a própria pele.

É sabido que todo aquele que contribui ativa, passiva ou omissivamente para prática de um crime, nas suas penas incide, assim como toda "societas seleris" tem de ser dissolvida pelo Estado de Direito, sob pena de tolerar o chamado "poder paralelo". A penalização atinge também as pessoas jurídicas quando estas servem de "fachada" para funcionamento de atividade criminosa. Trata-se de desvirtuamento de finalidade com propósito de fraudar o erário público, diriam os mais pragmáticos.

É preciso separar o joio do trigo, assim como é importante extirpar o tumor maligno que se instalou nas empresas sérias do Pindorama. Tais colocações despidas do espírito do "erga-omne" deixa-nos chocados porque partem de operadores do direito que não podem cometer equívocos dessa natureza.

Rio de janeiro, 21 de junho de 2015.

Alberto Calvano – Delegado de Polícia do Rio de Janeiro (aposentado)

DROGAS PROIBIDAS: QUEM FINANCIA E

SUSTENTA O TRÁFICO DE DROGAS?

Leio nesta manhã, 06/06/2015, na manchete principal do jornal O GLOBO que, "CNJ faz mutirão para esvaziar cadeias do país", iniciativa que contaria "... com apoio das Defensorias, que prevê liberação de usuários de drogas".

Tem-se gasto muita tinta e papel na frustrada tentativa de ocultar o que todos sabem, há milênios: nessa especial atividade empresarial, o verdadeiro e principal responsável pelo rentável "negócio" é o consumidor – o USUÁRIO. Sem ele não haveria mercancia de substância que a medicina considera nociva ao homem e à sociedade, quando a sua produção, comércio e consumo não obedece às prescrições legais e regulamentares. Parece simples e de fácil com preensão, para os que não estão na ciranda desencadeada por esse personagem, no meio em que vive e no contato social onde opera.

Inobstante sabida e compreendida a função da mola impulsionadora, quando se pergunta quem financia o tráfico, que mais mata os jovens e os que se põe em seu caminho, a timidez de alguns e a hipocrisia camuflada de outros, continua vendendo a solução que somente interessa àqueles que se dedicam ao seu comércio. Reduzir a patamar suportável o tráfico de entorpecentes, impõe, necessariamente, conter a demanda desestimulando–a mediante tratamento de choque a ser aplicado, especialmente, a quem adquire o produto. Não será agravando a pena restritiva da liberdade ou descriminalizando a conduta (usuário), que se resolverá a questão. E, muito menos obtendo decisões judiciais, com caráter legislativo pontuais ou coletivas, que retirará essa população dominada pelo vício da condição de agente financiador do tráfico.

O equívoco é ainda maior quando se quer legalizar o consumo, agora sob o pueril argumento "... de que todas as prisões de usuários de drogas no estado são inconstitucionais...", focando-se como argumento o crescimento da população carcerária no país, que atingiu o patamar de 87.7%, em 8 anos.

Pode parecer crueldade, mas não vemos como se possa rever a legislação antidrogas, sem ter presente que toda e qualquer proposta deve considerar primeiro o agente financeiro, que é o comprador (usuário), buscando uma forma ou fórmula capaz de frear os recursos financeiros que sustentam a atividade "empresarial". É preciso secar a "galinha dos ovos de outro". Via de regra, o experimentador e o viciado (usuário), são pessoas com sérios problemas de personalidade, que muito necessitam de atenção especial do setor de saúde mental do que de disciplina físico-postural.

Da leitura de várias abordagens transcritas na edição jornalística, parece-nos que estamos nos aproximando de um ponto de convergência que nos poderá levar a um porto mais seguro daquele onde nos encontramos a meia-deriva. Mais uma vez, desculpe-nos pela sistemática rebeldia.

Rio de Janeiro, 06 de junho de 2015.

ALBERTO CALVANO – Delegado de Polícia RJ
aposentado

DROGAS: o varejo e o atacado, na visão da Suprema Corte Constitucional

(enviada para OGlobo, em 17.5.2015, por email)

Compete ao S.T.F., precipuamente, a guarda da Constituição e, consequentemente velar pelos direitos e garantias fundamentais do cidadão, consagra o parágrafo único do artigo 102, c/c o art 5°, da Carta Republicana de 1988. Portanto, em havendo violação de tais direitos onde à colenda Corte deles conhecer e manifestar-se.

É o que teria ocorrido em recente pleito, em autos de habeas corpus cuja decisão foi objeto de matéria jornalística encartada na página 29 da edição de 16.05.2015, do jornal O Globo decorrente de entrevista com o Ministro Luis Roberto Barroso, autor da decisão.

Concedida a ordem, cunhou-se, jornalisticamente a frase: "insistir no que não funciona não faz sentido". Após soltar o homem preso com 69 gramas de maconha, ministro do STF diz que política de combate às drogas é ineficaz e que é preciso "algum grau de ousadia" para enfrentar a questão. Ele sugere a descriminalização do uso e a regulamentação do comércio.

Corretíssima a conclusão a que se chegou, de que é necessário rever a política de combate ao que é nocivo à saúde e o consumo das pessoas, genericamente, considerado. Deve-se combater a produção, o comércio -

varejo e atacado - e o consumo. As três fases deveriam desse processo dinâmico com penalizações restritivas de direitos individuais, que vão desde a prisão à penas pecuniárias, tratamento médico-hospitalar e ambulatorial, acompanhamento socioeducativo e mais formas de natureza preventiva, também devem ser consideradas.

Isso é o que se dessume no "algum grau de ousadia". E, quando se afirma que a questão para o centro do sistema dessa vertente da criminalidade violenta. A atividade "empresarial" dos empórios está voltada para a demanda do mercado consumidor, dentro de uma lógica inquestionável. O fornecedor da substância nociva (lembremo-nos) que é a medicina que assim a classifica), apenas coloca o produto ao alcance do consumidor, seja em doses diminutas ou em volume que atenda às "necessidades" do usuário que, efetivamente, estabelece não apenas o preço, como a quantidade e a qualidade da matéria prima e o sistema entrega.

O novel "empreendimento empresarial" obedece às velhas regras de mercancia em tempos modernos. Nada muda, a não ser nomes fantasia e apelidos. O grande financiador e, portanto, o verdadeiro financiador do tráfico é, e sempre será o USUÁRIO, seja ele um simples experimentador, usuário ou dependente. Sem ELE a mercadoria não sai dos empórios, e se houver uma greve geral de quem sustenta a atividade "empresarial", que nós fingimos combater, os depósitos ficarão abarrotados e os "empreendedores", falidos.

A DESCRIMINALIZAÇÃO do uso, somente aumentará a produção, o transporte, com o seu sistema de segurança; o comércio e respectivo aparato e, o consumo. Não podemos continuar cometendo o mesmo erro, se pretendemos em gerencia a "res publica".

No mais, os 69 gramas de "cannabis sativa Linneu" poderia ser classificada como tráfico, dependendo das demais circunstâncias ocorrentes, pouco importando fosse apenas tráfico de varejo ou de atacado. A lei não distingue, a não ser para efeito de fixação da pena a ser cominada, considerando o "curriculum vitae" do acusado.

"Venia concessa".

Rio de Janeiro, 16 de maio de 2015.

ALBERTO CALVANO – Delegado de Polícia RJ
aposentado

A POLÍCIA JUDICIÁRIA NA CARTA DE 1988

O que deveria ser simples, para a compreensão de todos e o exato controle social, à medida que o tempo passa, vai sendo modificado, por quem está administrador público, transformando-se a função de estado em um arremedo de função de governo, ao gosto e interesse de pequenos grupos políticos, que se revezam no comando da "res publica".

A POLÍCIA – quer a judiciária, que a administrativa – tem tratamento constitucional expresso no Título V DA DEFESA DO ESTADO E DAS INSTITUIÇÕES DEMOCRÁTICAS, disciplinado dos artigos 136 ao 144 e agrupados em 03 Capítulos; as Forças Armadas, no Capítulo II e a Segurança Pública, no Capítulo III. Portanto, a Segurança do Estado e a Segurança da Cidadania estão aí expressa e harmoniosamente, pela vontade popular, a ser observado pela representação legislativa e judicante no estado democrático de direito. Assim, para garantia da Pátria e dos Poderes constitucionais, as Forças Armadas são os instrumentos de que dispõe o Estado Brasileiro para consecução dos objetivos nacionais. A Lei e a Ordem Pública integram, aí, esse encargo maior – quando houver iniciativa de qualquer um dos poderes constituídos, no exercício da sua competência constitucional (Art. 142).

Perfeito, para quem lê com frequência a Carta Magna e está investido de poderes delegados pelo povo (art. 1º, Parágrafo Único). A vontade e os interesses são populares e não de agremiações político-ideológico-partidária. E, aquela é a de que se cumpra a Carta e não interesses pessoais. Relembre-se, contudo, que as intervenções, far-se-ão, sempre sob a autoridade suprema do Presidente da República.

Em havendo ameaça aos Poderes Constitucionais, a autorização prévia já está previamente prevista no "caput" do Art. 142 e, quando houver riscos de inobservância da Lei e da Ordem Pública, a iniciativa cabe a qualquer um dos Poderes.

Fazendo-se a leitura atenta dos Capítulos que compõem o Título V, ver-se-ão os instrumentos constitucionais disponibilizados pelo Povo no Capítulo III, para a preservação da ordem pública e da incolumidade das pessoas e do patrimônio, englobados no art. 144, incisos e parágrafos.

Em se tratando de SEGURANÇA PÚBLICA, a Lei Maior não abre exceção para nenhum outro Órgão ou Instituição, al[em daqueles ali previstos, "numerus clasulus".

POLÍCIAS – federal, rodoviária federal, ferroviária federal, civil e militar, esgotam o elenco das instituições permanentes que executam atividades de polícia judiciária e ou polícia administrativa. Nem às

Guardas Municipais, previstas no parágrafo 8º se lhes assegurou outra destinação, além de proteção de seus bens, serviços e instalações, na lei que as criar, formalmente.

Constitucionalmente, não há espaço legítimo ou juridicamente legal, para se criar qualquer outra POLÍCIA, destinada a operar em área que já tem definido o ente político operacional. O poder Legislativo não pode ter uma Polícia própria, a não ser a que constitucionalmente lhe assegure o seu funcionamento – Polícia Federal (União) e Polícia Civil (Estados). Da mesma forma, o Poder Judiciário Federal e estadual não podem institucionalizar segmento de segurança interna, para o exercício de funções de estado de segurança pública por que, assim, estaríamos criando simulacros de guarda pretoriana (guarda pessoal), usurpando atribuições constitucionais das instituições cujo elenco está expresso no "caput" do Art. 144.

Portanto, fica muito difícil entender quando a mídia noticia a existência de polícia corporativa do Poder Judiciário e do Poder Legislativo, atuando diante de fatos que em tese configurariam condutas violadoras de preceito legal ou constitucional.

Felizmente, temos o FISCAL DA LEI – o Ministério Público Federal e Estadual – que exercitarão, na plenitude, o seu poder e prerrogativas constitucionais. Haverá alguma conexão com o que está correndo por todos os rincões deste gigante adormecido?

Esperamos não ter cometido mais um dos inúmeros equívocos que povoam a nossa mente.

Viremos mais uma página do nosso fantasioso livro.

Rio de Janeiro, 23 de outubro de 2016.

ALBERTO CALVANO – Del. Polícia PCERJ e prof. ACADEPOL (aposentado)

ESTADO DE CALAMIDADE PÚBLICA

Servidores públicos bem remunerados parecem dispostos a se colocarem acima da Lei e da Ordem Jurídica ao praticarem atos de gestão da "res publica", em incansável busca pelo alheio.

Já não mais bastam os autênticos "contos do vigário", os estelionatos e peculatos políticos, a corrupção ativa e passiva, a formação de organização criminosa, a lavagem de dinheiro e todo um séquito de "espontâneos" doadores e assessores, que nos deixam pasmos de tanta e tamanha ousadia.

Recentemente, este ano, vimo-nos diante da decretação de estado de calamidade pública, para se postergar, reduzir ou mesmo confiscar direitos da Cidadania, em nome de uma suposta "governabilidade".

Motivo: "falência" das finanças públicas. O gestor da coisa pública declarava formalmente que o Estado do Rio de Janeiro não mais dispunha em seu tesouro de numerário suficiente para honrar os compromissos de estado. Estava e está falido, por causa de mau gerenciamento, algumas de conhecimento público e outras ardilosamente ocultadas.

O fato é que há uma Lei Orçamentária a ser cumprida, sob a fiscalização direta de um Tribunal de Contas, de um Ministério Público, de um Poder Judiciário e do Eleitor, através dos seus delegatários – o Poder Legislativo. É assim que dispõe a Carta Republicana de 1988 e as dezenas de Emendas Constitucionais e normas infraconstitucionais vigentes.

Quis o Constituinte (leia-se o POVO) que, diante de situações ali elencadas houvesse a intervenção do Estado (UNIÃO), para restabelecer a ordem pública e a paz social ameaçadas, decorrentes de "calamidades de grandes proporções na NATUREZA". Portanto, quando a natureza fosse madrasta e ameaçasse grave e iminentemente a estabilidade institucional (leia-se atentamente o art. 136, parágrafos, incisos e alíneas), estava o Poder Executivo autorizado decretar o Estado de Defesa, e o Estado de Sítio, caso o primeiro se mostrasse ineficaz ou houvesse comoção grave de repercussão nacional (art. 137, I).

"Estado de calamidade" é para episódios provocados pela natureza e se destina socorrer a Cidadania e não puni-la, promovendo o CONFISCO DE DIREITO TRABALHISTA E ESTATUTÁRIO OU DECISÃO JUDICIAL EM EXECUÇÃO.

Portanto, não se pode confundir estado de calamidade decorrente de fenômeno da natureza com estado de falência financeira, por má gestão dos recursos arrecadados ou a serem arrecadados. Diz-se que a renúncia fiscal, superfaturamento e a corrupção seriam as causas primeiras desse quadro que já se arrasta por alguns anos no rio de janeiro, recentemente socorrido pela união para não comprometer as Olimpíadas Rio 2016.

Há quem sustente tratar-se de artifício político, a ser socorrido pelo Poder Judiciário, por violação de direitos e garantias fundamentais, assegurados na Carta de 1988, hipótese de intervenção da União nos Estados, conforme previsto no Capítulo VI do Título III, que trata da Organização do Estado, decisão que tem sido evitada por quem está administrador.

O quadro que se delineia nos remete à necessidade de que se faça cumprir a vigente Constituição, evitando-se o descrédito das instituições permanentes, a ordem pública a paz social e a ordem jurídica.

Com a palavra, quem está momentaneamente gestor público.

Rio de Janeiro, 10 de novembro de 2016.

ALBETO CALVANO – Del. Polícia PCERJ e Prof. ACADEPOL (aposentado)

UNIDADE DE POLÍCIA PACIFICADORA (UPP):

MAIS UM EQUÍVOCO OU... ?

Não teria sido o então Secretário de Segurança Pública o perdedor de mais uma batalha entre o Bem e o Mau. Perdedora foi a Sociedade, como um todo. A POLÍCIA, ente estatal, com encargo exclusivo, viu-se, mais uma vez, desprestigiada, desacreditada e vencida, em especial, o seu contingente fardado. Nesse ambicioso projeto político, dividiu-se o policial militar (PM) em duas situações distintas e contrapostas: O PM do confronto e o PM da pacificação; de difícil, senão, impossível convivência. Treinado para o combate, não poderia, em um segundo momento, transformar-se em conciliador e mediador de conflitos de interesse, à semelhança de juiz de paz, enquanto o Estado não retomava o controle definitivo do território reconquistado do "estado paralelo".

Estaria o âmago de toda essa busca da causa primeira do insucesso?

A ferramenta para implantar uma nova política era e é o homem de polícia mas, treinado para o confronto (momento em que decide se mata ou morre), quase sempre fez o seu dever de casa e virou manchete policial, troféu buscado pelo combatente. No entanto, como convencer a comunidade onde estava inserido pelo exercício do cargo público, que depois de vencido o inimigo, a tropa combatente estava sendo substituída pela tropa de ocupação, não mais treinada e sim preparada e instrumentalizada para medir os diversos interesses em conflito?

O homem que momentos antes empunhara o fuzil, deveria trocá-la por medidas de inserção social, para as quais não fora preparado, nem tinha formação básica da relevância maior da nova missão. Houve, há e haverá sempre a inexata compreensão do que significa treinamento e o que é educação e formação especializada para um melhor convívio social.

Racionalmente, não é a riqueza patrimonial que faz o homem e, muito menos, a cor da sua epiderme e, sim, os seus valores sociais e humanos, a sua respeitabilidade, a sua cultura geral e seu temperamento pacificador e de compreensão das necessidades do ser humano. Alguém capaz de entender e observar o princípio maior da Carta Política de 1988 e da Carta da ONU: TODOS SÃO IGUAIS DIANTE DA LEI.

Registre-se, para que não se diga que ninguém colaborou ("para que o mal prevaleça, basta que a pessoa de bem se omita"), recentemente, NATHALIE ALVARADO, que dirige a área de segurança cidadã do BID (Banco Interamericano de Desenvolvimento), escreveu artigo que o jornal O GLOBO publicou, intitulado "PORQUE AS REFORMAS DA POLÍCIA FRACASSARAM?", coroando o seu texto com um pensamento magnífico pela sua simplicidade e coerência, assim cunhado: "A MELHOR POLÍCIA NÃO É A MAIS MILITARIZADA, MAS A QUE SABE TRABALHAR

COM A CIDADANIA; ELA DEVE ESTAR A SERVIÇO DA COMUNIDADE". Isso se encontra às fls. 14 da edição de domingo de 09.10.2016.

Há mais de 50 (cinquenta) anos vimos dizendo isso em nossos escritos e na Academia de Polícia Civil SILVIO TERRA (ACADEPOL/RJ), inclusive, em algumas oportunidades, como expositor-convidado na Escola da Magistratura do Rio de Janeiro (EMERJ).

Hoje, já octogenário, estamos convencidos de que o nosso esforço foi como pregar no deserto, "porque, no Rio de janeiro, a política manda na Polícia" o que já foi dito alhures e que continua viçoso como erva daninha.

Por isso, jovem cultora do Direito, prefere-se trabalhar com o confronto e não com a inteligência. É mais fácil manipular o adestrado que, por ser adestrado não pode e não deve raciocinar. A inteligência somente esses que levaram o país à bancarrota podem usá-la, preferencialmente na aquisição de mais material bélico (armas letais) e modernos blindados, em detrimento de investimentos permanentes na preparação e especialização do homem de polícia – a única ferramenta eficaz para a reversão do estado de guerra civil que vive, não apenas o Rio de Janeiro, como todo o Brasil.

É tempo de repensar as desastrosas políticas de segurança pública. Dez anos foram mais do que suficientes para liquidar a fatura. O povo pagou e paga um preço altíssimo pelos brinquedos e brincadeiras que toleramos nesse longo lapso temporal.

Aos antigos DPOs de décadas, já por demais familiarizados com o tráfico, deu-se-lhes um novo rótulo, de UPPs, sendo que agora com um contingente muito maior, e com imenso gasto de dinheiro público na imprensa, para se adicionar *glamour* ao projeto. E se os antigos DPOs haviam se tornado inoperantes contra o tráfico, agora, as novas UPPs, já eram instaladas com aviso prévio ao tráfico, marcando-se dia e hora, e, assim, todas instaladas, paradoxalmente, sem o mais mínimo confronto. Tudo previamente combinado, inclusive (mas não só) pelos meios de comunicação pública.

Mas, enquanto houver vida, existirá sempre uma esperança de dias melhores. Já viramos quase todas as páginas do nosso livro, que se encerra com a soberba advertência MAIAKOVSKY:

"Na primeira noite eles se aproximam e roubam uma flor do nosso jardim. E não dizemos nada. Na segunda noite, já não se escondem; pisam as flores, matam nosso cão. E não dizemos nada. Até que um dia, o mais frágil deles entra sozinho em nossa casa, rouba-nos a luz e, conhecendo nossos medos, arranca-nos a voz da garganta. E já não podemos dizer nada."

Rio de Janeiro, 21 de outubro de 2016.

ALBERTO CALVANO – Del. Polícia PCERJ e Prof. ACADEPOL (aposentado)

OPERAÇÃO RIO. POUPEM AS FORÇAS ARMADAS

Vive-se no Rio de Janeiro, há algumas décadas, um quadro demonstrativo de absoluta incapacidade e incompetência gerencial. Inacreditável o que se passa com a segurança pública, afetando o exercício dos mais comezinhos e garantias da cidadania.

Os "pobres excluídos" deram o seu grito de guerra. Deixaram de lado o pé de cabra, a arma branca, a garrucha e o "pica-pau". Foram buscar ferramentas de última geração, mas continuaram "pés sujos". Na cadeia, numa época triste da nossa história recente, foram concluir a sua formação profissional, tendo como mestres jovens ladrões de banco, sequestradores de pessoas e aeronaves. O fino da bossa em PHD plus. De "puxadores" de carros passaram a empresários do narcotráfico, para atender uma próspera clientela que precisava do estimulante "branco", que n o deixava o fedor da "cannabis", incômodo e denunciador do seu porte e uso. Foi essa próspera clientela que impulsionou a nova vertente que consolidou a parceria fornecedor-consumidor.

Escreveram-se novos contratos com as suas sutis regras de sobrevivência. Nascia, assim, a "máfia tupiniquim", que daria origem às inúmeras "máfias" que ornamentam o noticiário policial e, mais recentemente, os nossos Tribunais de Justiça, afogados pela produção em larga escala de procedimentos criminais, assim como os nossos cárceres superlotados, obrigando-nos a produzir leis de execução penal de primeiro mundo. O ECA, há um quarto de século, também rivalizava com a legislação sueca e deu no que deu. Foi e ainda é, uma grande escola de excelente aperfeiçoamento profissional, com intensivo de, no máximo, três anos.

Afirma-se que na ponta do cordame está o NARCOTRÁFICO que mantém refém os ditos "pobres excluídos", nos complexos e comunidades, usando-os como barreiras ou tropa de choque, para ações secundárias de desvio de foco de prioridades, tornando-os as grandes vítimas das "balas perdidas" mas, extremamente mortais para aqueles que forem atingidos.

Quando se elegeu o confronto armado como estratégia de combate ao crime e aos criminosos, abandonando-se a racionalidade e a inteligência, queimaram-se os rudimentares S.I.P.'s que funcionavam graças à dedicação e competência de um diminuto número de servidores, porque um mestre da COOPE-UFRJ, criava a NOVA POLÍCIA, onde se enterraram milhões de Reais, no maior "conto-do-vigário" já aplicado na PCERJ.

Enquanto a política de segurança pública continuar sendo a do CONFRONTO, poupem-se as FORÇAS ARMADAS, que têm outra missão constitucional, de se exporem aos riscos de uma guerra não convencional. Esse terremos nós palmilhamos por quase meio século e dele temos um pouco de conhecimento.   Examinem a sugestão de um octogenário, que ainda acredita na POLÍCIA sem adjetivação.

Rio de Janeiro, 07 de agosto de 2017.

ALBERTO   CALVANO   –   Del.   Polícia   e   Prof. ACADEPOL (aposentado)

MAIS QUE UMA OPERAÇÃO DE GUERRA
CONTRA O CRIME INVISÍVEL

A imagem que a mídia televisiva nos tem visibilizado nesta manhã do dia 05 de agosto de 2017, é de que estamos efetivamente em um estado de guerra, não apenas pelo emprego ostensivo das Forças Armadas, como, principalmente, pela institucionalização de um GABINETE DE GUERRA, operando em um prédio destinado à coordenação dos órgãos de segurança pública do Estado do Rio de Janeiro.

Finamente, as favelas, quixotescamente apelidadas de "comunidades", alcançaram o "status" de opositores do governo legítimo, reconhecendo-se, assim, a existência de um poder paralelo dentro de um estado democrático. Assim começaram as FARCs.

Por omissão do poder público (talvez mais interessado nas propinas) deixou-se o delinquente "pé sujo" alcançar posição de desafio à ordem pública e ao sistema jurídico nacional.   Tudo foi uma questão de tempo e perseverança. Inculto, despreparado, faminto do justo e famélico, superou a classe A, chamada por alguns de abastada, preparada, detentora de um PHD plus.

Ocuparam-se os espaços públicos ociosos, deixando-os abandonados à própria sorte. As primeiras favelas de que se tem notícia, no Rio de Janeiro, nasceram como decorrência da abolição da dita escravatura negra, substituída pela branca, que foi ocupar os morros existentes nas fraldas da cidade, ainda não tão maravilhosa e perigosa.

Em quase meio século de exercício de função policial, jamais se viu o homem de polícia tão atônito, diante de um cenário perfeitamente previsível e possível de contê-lo, fazendo-o regredir para um quadro de admissível suportabilidade. Cuidou-se muitos doas famosos projetos que tirariam a gerência da segurança pública da barbárie, como afirmou celebrado mestre da COOP-UFRJ, onde neles ficou esquecida a mão que empunharia a ferramenta da pretensa modernização, sonegando-lhe o necessário conhecimento da inteligência policial, ao ponto de substituí-la pelo emprego dos blindados. A estratégia permaneceu a mesma, apenas aprimorou-se o figurino da visibilidade, que lhe daria a falsa sensação de força e poder. Trocou-se a investigação e a informação pelo esfolado princípio do confronto. A qualidade foi substituída pela quantidade. A racionalidade, pelo desperdício. Foram milhares de REAIS jogados em um poço sem fundo. Mas era preciso comprar e construir para manter sempre abertas as comportas do propinoduto público-privado.

E, assim, optamos pelas ações pontuais, na vão e inútil tentativa de recuperar o tempo perdido.

Rio de janeiro, 06 de agosto de 2017.

ALBERTO CALVANO – Delegado de Polícia PCERJ (aposentado)

REFINANCIAMENTO DE DÍVIDAS. DEVEDOR OU PECULATÓRIO?

Quando se ouve dizer que alguém está em débito, a primeira sensação no mundo dos negócios é a da inadimplência na obrigação de pagar o que se deve ao credor. Diversamente, quando alguém deixa de recolher ao erário público aquilo de que é mero depositário, a tônica no sistema jurídico brasileiro é a de que foi praticada uma apropriação indébita.

No primeiro caso houve apenas um insucesso financeiro com repercussão em áreas comercial e civil, enquanto, na segunda hipótese, haverá, no mínimo, violação de um tipo penal. Assim, no momento que se fala em financiamento de dívida não honrada, haverá simples mora no pagamento daquilo que é devido. Houve um empréstimo financeiro ou uma alienação onerosa de bem e ou a prestação de um serviço. Nessas circunstâncias não haverá violação de tipo do estatuto penal. Simplificadamente, esta é a noção que se passa ao contribuinte, que tem o inalienável direito à informação sobre quanto anda a "res publica". Geralmente, é a mídia que exercita esse "munus" constitucional, em nome do cidadão.

Por essa elementar razão é esperado que se faça ver ao leitor ou telespectador, que a ação política está procurando instrumentalizar um possível refinanciamento de empréstimo (de crédito concedido), objetivando incrementar o crescimento da atividade produtiva e empresarial, com vista à redução de desemprego e à melhoria da qualidade de vida de todos os brasileiros. Esta é uma esperança que não pode ser mais uma vez frustrada, quanto se pensa em refinanciar entidades públicas e privadas.

Refinanciam-se DÍVIDAS e não PECULATOS.

Muito simples para quem aprendeu a ler. Leitura correta, sensata e juridicamente assentada.

Mas, na realidade da nossa política amoral, o que se está tentando encobrir são crimes praticados por alguns "empresários" desonestos, devedores da previdência social, quando se apropriam dos descontos efetuados em salários e que deveriam ser recolhidos, juntamente com a sua contribuição obrigatória, como empregador, aos cofres previdenciários.

Caso tenhamos que aprofundar o exame do tipo de crime contra a administração pública, veríamos que, além da previdência social, todos os demais tributos incidentes sobre a atividade empresarial, estariam dentro da mesma conceituação jurídico-penal, posto que sobre o bem ou serviço colocado à disposição do cidadão, o preço final ser pago é o somatório do valor natural e demais tributos que o poder público cobra do consumidor, os quais, muitas vezes, superam 40% do preço pagos por este.

Esses tributos, que são agregados ao preço final, observada a mesma conceituação, o empresário é mero depositário deles. Quando deixa de recolhê-los aos cofres públicos, deles se apropriando para uso próprio, estará cometendo simplesmente PECULATO, impondo-se, consequentemente, a sua responsabilização civil e criminal.

Portanto, todo o tributo incidente sobre o bem negociado, não recolhido no prazo legal, constitui prática delituosa a exigir a penalização de lei. Nessa formulação simplória, não vemos como se possa falar em refinanciamento de dívida mas, sim, uma prática não amparada pelo nosso vigente ordenamento jurídico. Em sendo o retardatário reincidente contumaz na prática delituosa, até a própria empresa seria passível de penalização.

Não pode ser esquecido de que o Estado é apenas MANDATÁRIO com a incumbência de bem gerir a "res publica", e não dela dispor, como se fosse bem privado. O bem subtraído na ação criminosa deve ser reposto, para não se tentar cobrir o déficit com aumento da tributação.

Os maiores devedores da previdência social e aos cofres públicos não são os contribuintes obrigatórios que pagam os impostos, que são fraudados pelos peculatários. Esse gigantesco buraco nas contas públicas é apenas consequência da omissão dos fiscais das leis, que as conhecem muito bem, mas não tem a suficiente coragem para deflagrarem os devidos procedimentos judiciais.

Não é possível refinanciar crimes. Essa omissão do administrador público, pouco importando o cargo ocupado, configuraria violação de vários tipos penais, inclusive, improbidade.

Rio de Janeiro, 13 de agosto de 2017.

ALBERTO CALVANO – Delegado de Polícia PCERJ

OBSTRUÇÃO DA JUSTIÇA

A ainda vigente norma substantiva penal expressa em seu artigo 1º, o princípio da anterioridade da lei para definir uma determinada conduta como crime. Diz a citada norma: "Não há crime sem lei anterior que o defina. Não há pena sem prévia cominação legal".

Da mesma forma, assim também, encontramos consagrado, como cláusula pétrea, na CF, o artigo 5º, XXXIX.

Ensina Damásio de Jesus em sua obra CÓDIGO DE PROCESSO PENAL ANOTADO que, "com o advento da teoria da tipicidade, o princípio da reserva legal ganhou também muito mais técnica. Típico é o fato que se amolda à conduta criminosa descrita pelo legislador".

Acentua, com muita precisão e inegável competência de mestre: "é necessário que o tipo (conjunto de elementos descritivos do crime contido na lei penal) tenha sido definido antes da prática delituosa".

Deixando-se para trás a Parte Geral do CP e buscando na Especial o tipo "Obstrução da Justiça", de que tanto se fala no noticiário da mídia, nestes dias tórridos de responsabilização dos criminosos dos punhos e colarinhos brancos, confessamos não tê-lo encontrado impresso, para uma leitura consultiva. Atribuímos a falha à nossa avançada idade terrena e ao afastamento das lides dos operadores do direito. Talvez, quem sabe, a velhice cronológica, não nos permitiu encontrar o texto na Carta Republicana de 1988. Temerosos, consultamos pessoas da área, que mostraram dificuldades em nos atender.

No Capítulo III do Título XI, não está ele previsto, o que nos surpreende, pois vivemos a plenitude de um estado democrático de direito. Mas, apesar da inexplicável ausência do tipo em lugar tecnicamente adequado, continuamos vê-lo reportado pela nossa tão esclarecida mídia, dita investigativa. O "tipo" inclusive tem alicerçado até a decretação de prisão preventiva, dizem as notas tornadas públicas pela imprensa.

Temos assim a figura típica de obstrução da justiça, não expressamente definida em norma substantiva penal mas, muito repetida por quem gerencia a "res publica".

Obstruir a prestação jurisdicional, impedir o cumprimento da lei, praticando atos eficazes de punição de culpados "strictu sensu", é colocar-se à margem do ordenamento jurídico. É estar acima dos pobres mortais. Para estes tudo é válido. Os fins justificariam os meios.

Para freá-los temos a Lei. Basta ter a coragem de enquadrar os agentes ativos ou passivos (omissos), nos tipos penais reservados para os autores. Inquestionavelmente, haverá, no mínimo o favorecimento pessoal ou real (Artigos 348 e 349), senão ajustável uma possível coautoria ou receptação.

O agente que auxilia o criminoso a subtrair-se à ação da autoridade pública ou tornar seguro o proveito do crime, tem que ser, obrigatoriamente submetido a procedimento investigatório penal.

Atos de favorecimento são atos obstrutivos da justiça. O tempo, a forma, as circunstâncias e os resultados danosos nos dirão os males causados à cidadania, de quem a Justiça é guardiã plena.

Convenhamos que estamos prestes a viver novos tempos.

Rio de Janeiro, 07 de julho de 2017.

ALBERTO CALVANO – Del. Polícia PCERJ e Prof. ACADEPOL (aposentado)

"PENDITO"

A novela brasileira sempre foi a âncora do entretenimento gratuito para todos os níveis das camadas sociais, pouco importando o horário e os dias da semana em que é exibida. Caberá sempre, em uma agenda dinâmica, mesmo que importe sacrifícios. A vida é uma eterna novela e, por isso, algumas pessoas a vivem intensamente. As vezes, até loucamente. É uma loucura sadia e, sentidamente gratificante. Novelas que marcaram época, mudaram hábitos, conceitos e modo de viver. Em suma; valeu a pena, sentar-se diante de um aparelho de televisão para vivenciar as belas historietas.

Novelas políticas eram raras. As românticas, assim como as policiais, sempre tiveram grandes espaços e, até, ganham troféus internacionais. O gênero agradou e, com isso, passamos a exportá-las comercialmente. Aquelas de natureza política, enciumaram-se, nas últimas décadas e partiram para o "front". E, olha que era e sempre será o placo onde se revelarão os grandes atores do nosso mundo artístico.

Feito o desafio, vieram as grandes novelas, com personagens e mensagens grandiosas para os menos favorecidos. Explodiram: a novela dos "Anões do orçamento", a do "Mensalão", que fez extraordinário sucesso, embora razoavelmente dispendiosa, mas que serviu de plataforma de lançamento da atual novela do "Propinoduto" trazendo a reboque a da "Lava-Jato", a da "Petrobras" e do "VNDS", seguindo-se demais aguardadas impacientemente, como a das "Olimpíadas", "Metrô", e outras que ainda estão no micro-ondas, pré aquecendo-se.

Na maratona das novelas classe A, breve ver-se-á talvez a mais importante para os nossos novelistas da neo dramaturgia "i penditi", cujos capítulos do complexo roteiro já nos mostram a eloquente interpretação dos nossos renomados profissionais da arte de interpretar. Diz-se que a obra, quando concluída, mostrará a evolução do tema central desse drama que nos acompanha há mais de meio milênio. Confissão, colaboração e delação, já estão quase prontas, faltando apenas alguns retoques.

Que assim seja. Que venham os arrependidos.

Rio de Janeiro, 08 de setembro de 2017.

ALBERTO CALVANO

O NARCOTRÁFICO MATA E MORRE PARA ASSEGURAR, AO USÁRIO, A SUA MERCADORIA

Dentro deste contexto não seria muito difícil concluir que o elemento ativo, desencadeador desse cenário de guerra urbana, decorre do compromisso solene de não se deixar faltar o tóxico proibido àqueles que dele necessitam para "viajar" sonhos e delírios, próprios de desajustados sociais, o fiel produto de uma sociedade, onde tudo se pode e tudo se vende.

Guerreiam as quadrilhas entre si, para assegurarem, aos "empresários", o controle dos "pontos" de venda de sua mercadoria, aos eternos consumidores, não lhes deixando faltar o seu pão de cada dia, alimento tão buscado e, sempre, a qualquer preço.

Afirma-se que esses usuários, mais tarde classificados de viciados, são pessoas doentes, porque dele precisam para se manterem vivos e ativos, em uma sociedade não desejada, mas defendida pelo estado garantidor, tão empenhado no mister, que não chega a perceber que, ao intervir nos choques de quadrilhas, assegurando aos "donos do pedaço" o monopólio, estão simplesmente colocando-se como defensores dos direitos destes, que estabeleceram e exploram o promissor "negócio", nos espaços abandonados pelo poder público.

Nas brigas das facções, ao estado garantidor impõem-se cumprir e fazer cumprir a lei, onde está sendo violada, com todas as consequências dela decorrentes, abstendo-se de medidas paliativas que enfraquecem o princípio da autoridade constituída.

No entanto, não é isso que está sendo praticado na execução das políticas de segurança pública. A política de repressão no varejo, optando pelo confronto armado, não está levando a sério o resultado exigido pelo estado de direito. Deixando-se de lado o consumidor, punindo-se apenas o fornecedor e, assim mesmo, ignorando-se o mega empresário, continuar-se-á enxugando gelo, ofendendo-se, em consequência as pessoas de bem, que são a maioria absoluta.

Afinal, enquanto houver consumidor, sempre em potencial crescente, haverá sempre, ao seu lado, um fornecedor, apelidado de narcotraficante, pronto a morrer e a matar para satisfazer as necessidades deste, também costumeiramente chamado de usuário e ou viciado.

Dizem algumas pessoas versadas na matéria, que é necessário que se revejam as políticas de segurança pública para o caso do narcotráfico, contrabando de armas, assassinatos por encomenda, balas perdidas, arrastões, veículos incendiados, etc. etc... Basta parar para pensar um pouco. Não será necessário queimar muitos neurônios. Mas, é preciso ter um mínimo de coragem para enfrentar o conservadorismo penitente da nossa sociedade.

Rio de Janeiro, 23 de setembro de 2017.

ALBERTO CALVANO – Delegado de Polícia PCERJ (aposentado)

FORÇAS DE SEGURANÇA PÚBLICA. MISSÃO QUASE IMPOSSÍVEL

O Rio de Janeiro está vivendo momentos difíceis na área de segurança pública, assim como todo o Brasil. Os crimes contra a pessoa alcançaram patamares nunca vistos, deixando-as atônitas, desesperançadas e incrédulas.

Os órgãos legitimados pela Carta de 1988, com missão precípua de manutenção da ordem pública e do bem estar social, assim como da própria segurança jurídica em um estado democrático de direito, resultam debilitados, desacreditados pela sua apatia e total inoperância, diante de situações perfeitamente previsíveis e localizadas.

Não se combatem pessoas, mas atos de desobediência frontal a aqueles que cumprem com um dever funcional. Enquanto o agente infrator se limita a violar direitos privados, infringindo figuras-tipo, teremos o crime comum, mas quando migra para a área estatal, a sua missão ganha outros contornos jurídicos e legais, para caracterizar infrações que podem abalar o próprio Estado.

Quando este mesmo agente agride reiteradamente o representante da lei e da ordem, não estará cometendo apenas crime contra a pessoa, mas iniciando um "iter" que o levará a confrontar a soberania dos atos ao administrar o território nacional. Quando se confronta com o policial, sela ele de investidura municipal, estadual ou federal, seja ele civil ou militar, adentra esse agente naquela situação que os estrategistas definem como estado de beligerância, que levará rapidamente à guerra total. Redefine-se, formalmente, um confronto armado, onde aquele que empunha a arma e se nega a baixá-la é um inimigo do ESTADO e não simplesmente um criminoso comum a ser submetido à lei civil. Neste caso, esses mesmos estrategistas indicam que a eles aplicar-se-ão as leis de guerra. E, vão mais além, extensivas a aqueles que lhe prestarem qualquer tipo de auxílio.

No Rio de Janeiro, com o emprego da militares das Forças Armadas Regulares e o seu instrumental de guerra destrutiva, e o blindado é a mais simples constatação do cenário de um estado de beligerância, dispensando a formal declaração de guerra, direciona o confronto para os centros urbanos, onde a população civil sofre as adversas consequências, resulta um cenário que não pode mais ser ignorado por quem está no comando da segurança do país.

Ex-delinquente comum, conduzindo e empunhando material bélico, não pode e não deve ser tratado homeopaticamente. É um caso urgente de incisão traumática do purulento tumor que pode contaminar todo um organismo ainda sadio. Não se pode adotar a postura do avestruz, porque não se tem a necessária coragem de lancetá-lo. O cenário é de vida ou morte do próprio sistema. Todos são responsáveis, mesmo que se tenha que cortar na própria carne.

Temos as leis comuns e as especiais. CUMPRAMO-LAS.

Sabe-se, perfeitamente, que não basta a presença física de militares nos então chamados logradouros públicos, para considera-los pacificados, enquanto as forças de ocupação do narcotráfico, continuarem com o domínio físico do mesmo. Não se pode confundir a visibilidade do aparato de guerra, sem um mínimo de emprego tático. O nosso blindado não resiste a projéteis de metralhadoras .30, hoje portadas ostensivamente pelos "soldados" de "facções" criminosas que dominam esses territórios.

A inteligência, suprida pelos informes e informações colhidos no silêncio das armas, é a peça de importância vital para o sucesso de qualquer operação militar. Ninguém invade o reduto ou posição inimiga sem um plano estratégico e, no caso do Rio de Janeiro, demonstra-se que tudo está sendo operacionalizado improvisada e empiricamente. A tropa não está e não foi adestrada para esse tipo de operação, daí o insucesso e o alto desperdício dos parcos recursos orçamentários disponíveis. A equação custo-benefício tem um dos pratos da balança totalmente desequilibrado. Gasta-se muito e colhe ou recolhe-se muito pouco e, com isso estamos levando as Forças Armadas ao descrédito.

Dizem, reservadamente, que isso está ocorrendo porque estamos vivendo uma espécie de neoinvenção branca; uma espécie de estado de defesa-sítio tupiniquim do faz de conta para se manter a "governabilidade" dos partidos políticos. Por tais singelas razões é que se tem afirmado que às Forças Armadas "pagou-se" (na linguagem da caserna) uma missão impossível.

Rio de Janeiro, 23 de agosto de 2017.

ALBERTO CALVANO – Delegado de Polícia (aposentado)

A MENORIDADE PENAL E A CRIMINALIDADE JUVENIL

O ser humano é, em regra, um ente pensante que sabe o que quer e elege, a seu modo, a forma e as circunstâncias para alcançar o seu "desideratum". Em suma, sabe o que faz e as suas consequências. Obviamente, a cultura trazida do berço, que lhe é passada pelo núcleo onde é gerado e criado, até poder caminhar com os seus próprios pés, dá-lhe maior ou menor compreensão do alcance dos seus atos. Dificilmente filho de peixe, peixinho não é. Daí a construção popular, que já parece esquecida, resumida em lapidar frase, assim colocada: "Diga-me com quem andas e te direi quem és". Aí, talvez, se encontre a causa primeira, dos primeiros desvios de conduta que escapam do controle socioeducativo de quem tem o poder-dever de preservar a incolumidade das pessoas e do seu patrimônio.

A segurança da cidadania não se faz apenas coercitivamente mas, precipuamente, cuidando da família. Não, com um cheque do "bolsa-família" ou coisa parecida; espécie camuflada de mísera esmola, para comprar ou pagar voto dado, que não resgata a dignidade e o abandono em que vivem as pessoas menos afortunadas.

Legisla-se muito, cujo foco é sempre o ganho político, produzindo-se normas que pouco ou nada trazem de positivo para compor os interesses em aparente conflito. Por conta desse equívoco consciente, ofertam-se soluções de recrudescimento da ação policial em situações pontuais, apenas diminutas pontas de gigantescos "icebergs", como mágica fórmula de lancetamento do tumor que incomoda quem está administrador da "res publica".

Há mais de ¼ de século atrás, ousou-se das à Cidadania uma legislação de primeiro mundo, para se resgatar o menor abandonado. Finalmente, dizia-se que o Estado Democrático de direito reassumia o seu papel de autêntico guardião da nossa juventude. Dizia-se que nem a Suécia tinha um ordenamento jurídico tão avançado. O nosso "de menor", no papel, era titular absoluto de todos os direitos, acima até do direito de família. Passados 25 anos descobrimos que tudo ficou apenas no papel, quanto à responsabilidade objetiva do estado-administração de cuidar da família desse menor, pleno de privilégios e prerrogativas que nem os suecos ainda tinham alcançados, no seu mais avançado socialismo.

Inquestionavelmente, é preciso urgentemente rever a atualizar o E.C.A., nele introduzindo-se disposições restritivas de direitos, inclusive o de ir e vir, para quem tem graves desvios de conduta, aplicadas imediatamente pela Autoridade Policial e referendadas pela Autoridade Judiciária, ouvido o Órgão de Execução do Ministério Público com atribuição para oficiar nos autos do procedimento policial-judiciário, formalmente instaurado. A estes, aplicar-se-ia agora o instituto da prisão pela prática de crime de natureza grave, deixando-se o da apreensão para o menor desvalido, abandonado ou perambulante, sem eira nem beira, que necessita das atenções e proteção do poder público. Quanto a alternativa de PEC, "permissa vênia", para reduzir a idade para efeito de responsabilização penal, vulnerando-se cláusula pétrea, entendemos desaconselhável.

Rio de janeiro, 24 de maio de 2015.

ALBERTO CALVANO – Delegado de Polícia RJ aposentado

TIROS A ESMO. APENAS UM REFLEXO CONDICIONADO OU...

O ser humano, diferentemente de outros seres do reino animal, dizem os pesquisadores e cientistas, é um ente pensante, dotado de inteligência efetiva e, acima de tudo, de bom senso e racionalidade. Afirma-se que é todo uma máquina planejada e ajustada para a realização de projeto maior do Criador.

Isso nos ensinam desde a mais tenra idade e o aperfeiçoamos a cada dia que passa. É um eterno aprendizado em busca do justo, do ideal, do ético e da própria razão da nossa existência terrena. "Fazei o bem e não pensai a quem", diz a velha citação nas sagradas escrituras.

Dada a sua natureza, dele se espera conduta compatível com a sua participação no relacionamento interpessoal do cotidiano das suas ações, principalmente, quando a ele estão afetas atribuições de guardião – uma espécie de São Miguel Arcanjo – cuja magnífica estátua se encontra na parte mais alta do castelo-fortaleza da Sant'Angelo, em Roma Imperial, protegendo o Papado de então.

Guardião, protetor, segurança e tudo mais que melhor possa definir a sua função social, é preparado diuturnamente para assegurar, com sucesso, o seu sagrado mister. Vocacionado, dedicado e especialmente instrumentalizado, dele se espera o resultado almejado.

Assim, pensa-se, e labora-se. Afinal, ele é o Guardião da Cidadania. Um ser humano especial. Perfeito, capaz e parte do mesmo segmento social a quem deve servir. Esse virtuose imaginário é um ser de carne e osso, especialmente preparado e destacado para essa atividade mas, não um ser infalível. Também tem o seu ponto de exaustão, que deve ser evitado a todo custo, para não comprometer o resultado esperado. O próprio São Miguel Arcanjo não conseguiu proteger Roma das invasões dos bárbaros.

No caso específico recentemente ocorrido, quando tiros, não em Columbine, mas em Pindorama, tiraram a vida de senhora de nacionalidade espanhola, no mais badalado "point" da zona sul da cidade – Complexo da Rocinha – pasme-se, incluído em roteiro turístico de operadoras credenciadas, policiais que operavam naquela área convulsionada, onde até tropas regulares das forças armadas estavam acantonadas, fizeram disparos de arma de fogo, atingindo pessoa diversa do alvo visado, matando-a imediatamente.

E agora, o que fazer, o que dizer sobre o resultado funesto. O que se poderia esperar de alguém que virou caça, na concepção do narcotraficante. O Estado garantidor pareceu ter perdido o controle, em um momento de maior tensão, quando dele se esperava equilíbrio e bom senso, vez que para isso tinha instrumentalizado o homem operacional – o policial – indiferentemente de ser civil ou militar. O fato inconteste é que consciente de estar cumprindo com seu dever, efetuou disparos de arma de fogo – curta ou larga – mas aquela que lhe fora fornecida pelo Estado garantidor.

Pelas circunstâncias comprovadas e inquestionáveis, estaria diante de um inimigo da ordem pública, do Estado, do cidadão de bem e, principalmente, porque agia camuflado, travestido como camaleão – dócil quando encurralado, mas feroz e sanguinário quando em ataque surpresa. E, como sei acontecer, de difícil identificação, invisível e na multidão, em busca de obter a sua caça preferida – O POLICIAL.

Alguém duvidaria desse cenário adverso para o representante da Lei? O que se poderia dele esperar, senão usar os meios e instrumentos que o Estado lhe fornecera para cumprir a sua missão. Em uma guerra, seja ela tradicional ou não, inimigo é inimigo, enquanto não se render, baixar o seu armamento.

Assim, pensava-se, mas assim não se laborou quando o suposto inimigo morreu. Não era e não é uma senhora espanhola que estava no alvo, "no front" da Pindorama. Mero caso de erro de pessoa e, se o fosse, estava certo o São Miguel Arcanjo da Cidadania Fluminense e, porque não do Brasil.

Mas, agora é preciso crucificar um inocente para ocultar a responsabilidade formal de quem lhe deu causa – a famosa e moderna GOVERNANÇA – pouco importando que lhes fiquem apenas os dedos, mas que continuem passeando sobre tapetes vermelhos e o sangue de inocentes.

Basta de hipocrisia e tenha-se a coragem de se comportar como a Scotland Yard, na execução de brasileiro no metrô de Londres, confundido como terrorista. Erro de pessoa lá e crime no Brasil.

É ser muito impredico ou hipócrita.

Ou tudo isso é um pesadelo de que devemos acordar?

Rio de Janeiro, 29 de outubro de 2017.

ALBERTO CALVANO – Del. Polícia PCERJ e Prof
ACADEPOL (aposentado)

PRISÃO DE PARLAMENTAR: EM FLAGRANTE DELITO OU POR ORDEM JUDICIAL

Acontecimentos recentes no cenário nacional já nos tinham alertado de que o relacionamento entre os Poderes da República não andava bem, quando expoentes da chamada classe política passaram a ser investigados e processados por corrupção, lavagem de dinheiro, evasão de divisas, organização criminosa e obstrução da justiça. Muitos achavam que as quadrilhas de malfeitores que comprometida aquele universo de abnegados servidores públicos aceitaria a punição prevista em lei e se comprometeriam não mais reincidir. Afirmava-se terem sido vítimas das más companhias e aconselhamentos levianos.

Mas o histórico da classe não era nada bom, sinalizando que cumprir-se-ia ditado popular de cesteiro que faz um cesto que será capaz de fazer um cento. Seria apenas uma questão de tempo e de oportunidade. Diz o bom italiano do sul: "L'oportunitá fá l'uomo ladro" e as oportunidades não faltaram, como jamais faltarão, enquanto não revisitarmos a carta política, sepultando de vez as divindades que consomem o suor do trabalhador brasileiro, zombando das suas crendices.

Assessoria técnica especializada pessoal a tinham em abundância, instigando-os a continuarem com a pilhagem do erário, dividindo com elas os lucros fáceis, graças à falta de informações sérias sobre o perigo que rondava as suas modestas casas. O "marketing" reinava absoluto até que...

Agora estão sendo apresentadas as contas das despesas feitas para as suas suntuosas festas e comemorações. Uma espécie de período das "vacas magras" que nos contam as escrituras. Depois da grandiosidade e dos tapetes vermelhos, tudo indica que o Rio de Janeiro passará por um processo de higienização e profilaxia e o povo voltará a sorrir. O horizonte começa a apresentar sinais de bom tempo e de coragem dos guardiões das leis.

Finalmente decretou-se a prisão de quem tripudiava sobre a desgraça alheia, certos de que como divindades do velho e corroído Senado Romano, não seriam alcançados pelo incêndio que Nero provocara, porque eram semideuses, coisas sagradas em um mundo pagão.

Mas sobreveio o desastre. Cumpriu-se a lei. A Magistratura Judicante de 2ª Instância exercitou o seu poder e mandou recolher ao cárcere três parlamentares que fizeram mau uso dos poderes e prerrogativas que lhe foram confiadas pela Cidadania. Pontua a Carta de 1988, no art. 5º LXI:

"Ninguém será preso senão em flagrante delito ou por ordem escrita e fundamentada de autoridade judiciária competente, salvo nos casos de transgressão militar ou crime propriamente militar, definidos em lei;"

Todos, exceto os casos de transgressão militar ou crime propriamente militar, são passíveis de serem presos quando em flagrante delito ou por ordem judicial. Há previsão de exceção constitucional apenas para a situação dos militares e ninguém mais, como cláusula pétrea, assente no princípio isonômico do "caput" do artigo 5º.

Deve-se ressaltar que não há no artigo 5º, incisos, alíneas e parágrafos expressamente consignando outras exceções. Dentro da sistemática que domina a Carta Maior, da doutrina e julgados do próprio S.T.F., aquilo que fere de alguma forma o básico, é de aplicação proibida, por contrapor-se à regra insculpida no "caput" do artigo 5º.

Diante dos últimos acontecimentos, parece-nos chegado o momento da Corte Constitucional Brasileira decidir se é ou não a guardiã da Constituição, escoimando-a dos excessos que em seu nome vem sendo praticados.

No caso específico da prisão, quando não em flagrante delito, somente a ordem judicial com ele concorre. Os militares, como categoria de servidores públicos especiais, estão fora desse contexto, e ninguém mais, sob pena de se violar o princípio maior da Carta – "todos são iguais diante da lei". Os parlamentares não foram contemplados com a exceção, por óbvias razões. Sendo representantes do povo (mandatários) e não divindades e, se qualquer um do povo é passível de ser preso nessas circunstâncias, por que eles, representantes apenas do eleitor, não poderiam também sê-lo. Portanto, não podem e não devem ter mais direitos de quem lhes delega os poderes de que estão investidos. Outorga-se o que se tem e nada mais. Essa é uma regra de simples compreensão e de fácil execução, competindo ao STF declara-la vigente na presente Carta e tudo mais que se opuser a esse elementar princípio é tido como não escrito e de total inaplicabilidade. Isso, para que lê com atenção as leis que deve aplicar.

Por enquanto, parabéns para quem fez corretamente o dever de casa.

Rio de Janeiro, 16 de novembro de 2017.

O S.T.F. ESTARIA REFÉM DE PRESSÕES EXTERNAS?

Temos assistido e lido, ultimamente, matéria difundida pela mídia, relativa ao desempenho do S.T.F., que nos tem preocupado muito quanto ao futuro da Corte Suprema do país, diante das graves denúncias envolvendo servidores públicos dos mais altos escalões dos três Poderes, especialmente, no que tange ao andamento das investigações, processos e julgamentos. A questão envolve privilégios, inseridos estrategicamente na Carta de 1988, após as chamadas cláusulas pétreas, que a rigor do princípio maior expresso no "caput" do artigo 5º, consagra a igualdade de todos diante da lei, principalmente quando se trata da execução das leis penais.

Considerando-se que, isonomicamente, não pode haver tratamento diferenciado, senão aquele expressamente previsto nos incisos do art. 5º, lei posterior, regimento interno ou qualquer outra forma regulamentadora da disciplina constitucional que vier romper com elas, é norma aplicável nos três poderes, visto que agem eles na conformidade da delegação ou outorga dada pelo eleitor (Povo) e não pelo constituinte.

Lembremo-nos que em uma república federativa e diante de um estado democrático de direito, o que vale é o princípio e não a vontade política, a governabilidade ou qualquer outra motivação para descumprir a LEI.

Especificamente, neste caso, estaríamos diante de poder delegado, para exercitar a proteção dos direitos e garantias fundamentais do delegante-outorgante (eleitor) confrontando-se com "interesses" outros, poucos nobres do delegatário (eleito). É óbvio que tudo mais que se inseriu na Carta de 1988, após as cláusulas pétreas, não pode sobrepor-se ao princípio (isonomia) que constitui a força motriz, o tronco-âncora de todo sistema constitucional outorgado em 05/10/1988. Reafirma-se, para melhor compreensão das divindades tupiniquins, que não se vive uma farsa, um golpe baixo praticado por outorgatários contra os outorgantes de poderes, passíveis aqueles de cassação do mandato, se não cumprida fielmente a sua destinação. Afinal, diz-se que se vive em um país que é uma república, assentada em um estado democrático de direito.

Suspeita-se que se está querendo blindar o parlamentar brasileiro de toda e qualquer responsabilização pelos malfeitos praticados no exercício do mandato que o eleitor lhe outorgou, quando se constroem inconstitucionalidades dentro de uma Carta de princípios Democráticos, de aplicação imediata pelo Guardião Maior da Cidadania, sutis regras de forte matiz de impunidade, com roupagem de imunidade. Essa garantia constitucional que se confere ao parlamentar não pertence a ele, como pessoa física, mas ao outorgante, em nome de quem fala e age. É ele um servidor público qualificado, sujeito ao mesmo ordenamento jurídico aplicável ao eleitor.

Não se pode mais conviver com práticas criminosas, ocultadas e protegidas em falsas normas, supostamente constitucionais, habilmente inseridas na vigente Constituição-Cidadã, de um ULISSES GUIMARÃES. A Corte Constitucional brasileira não pode permanecer refém de organizações subterrâneas de cunho confiscador da dignidade e vida humanas. Não decepcionem uma Cidadania órfã, que já se mostra cansada desses rasteiros golpes.

Rio de Janeiro, 10 de dezembro de 2017.

ALBERTO CALVANO – Del. Polícia PCERJ e Prof. ACADEPOL (aposentado)

ISONOMIA: "quousque tandem abutere patientia nostra"

Vive-se um momento jurídico surreal em Pindorama. Regemo-nos por normas, ditas de direito positivo, onde o que vale é o interesse corporativista, que argui a necessidade de se preservar a "governança", como fator de progresso econômico e social.

Para uma Carta que atingiu a sua maioridade há quase dez anos, promulgada que foi em 05/10/1988, demonstra-se total desapreço pela democracia e práticas republicanas.

O princípio maior da ISONOMIA constitucional é coisa desconhecida pelos três Poderes da República. A Corte Constitucional – o SUPREMO TRIBUNAL FEDERAL – órgão máximo do Judiciário, tem se comportado, através de alguns de seus membros, de forma a lançar sobre a justiça suspeitas de despreparo para o exercício de tão importante cargo do serviço público nacional.

Há quem afirme que não lhes falta a substancial cultura jurídica e que jamais poderiam colocar-se acima da Lei Maior, ao julgarem matéria já submetida ao seu qualificado colegiado, onde se obtivera o consenso para a formação de judiciosa jurisprudência.

A divisão interna é de fácil percepção e já começa a ganhar matiz de confronto ideológico-partidário que lhes tira a imparcialidade que deve ser por todos preservada. O cenário é desalento para uma Cidadania que busca colocar o país na legalidade constitucional, construída com muito suor e lágrimas por quem se diz o verdadeiro e autêntico poder natural – o POVO. Ledo engano. Está-se diante de mais uma fraude praticada pelas mesmas corporações que já tinham sido afastadas formalmente do poder, por suas tramas e sutis armadilhas políticas.

Duas décadas após o POVO vir às ruas e apoiar a saída dos vendilhões do templo, conseguiu-se outorgar a esse mesmo POVO uma CONSTITUIÇÃO CIDADÃ, nome cunhado por ULISSES GUIMARÃES, no ato de 05.10.1988 para, três décadas depois, nos encontrarmos na mesma encruzilhada de uma estrada já bastante conhecida.

Hoje estamos diante de uma corrupção desenfreada em todos os níveis da administração pública, permanentemente noticiada pela mídia, que indica suas fontes, indícios e provas fartamente demonstradas, deixando o CIDADÃO perplexo diante da grandeza dos malfeitos e da importância dos cargos públicos por eles ocupados.

Para se blindarem de possíveis decisões judiciais em matéria administrativa e criminal montaram o seu "bunker" extra cláusulas pétreas, deixando-nos a impressão de termos sido derrotados por grupos nunca desfeitos, ora atuando na clandestinidade, ora mostrando o rosto e suas pretensas armas.

O POVO tem dificuldade de entender que, tendo construído cláusulas pétreas, estas servem apenas para ornamentar a mesa dos faustosos banquetes expostos e assumidos publicamente, sem o mínimo temos de serem responsabilizados criminalmente. Criaram para si e para os seus abnegados seguidores as já famosas "cláusulas de impunidade absoluta" sob o manto de pretensa imunidade parlamentar, transformando-se em juízes dos seus próprios malfeitos, mediante "sentenças" irrecorríveis, reformando decisões judiciais e alçando-se a um plano superior da prestação jurisdicional.

O mais grave no surgimento desse monstro, dito jurídico, seria decorrente de imperdoável equívoco do próprio guardião da Constituição, que teria sido pressionado pelas corporações que dominam as duas

Casas do Congresso Nacional, outorgatários de parcela do poder do POVO que, em seu nome agem despoticamente, sem querer sequer admoestados por quem, constitucionalmente esse mesmo POVO, "destinou-lhes a defesa da Pátria, a garantia dos poderes constitucionais e, por iniciativa de qualquer destes, da lei e da ordem", conforme expressamente estabelece o artigo 142 da Carta de 1988.

É preciso que o Supremo Tribunal Federal decida definitivamente se as cláusulas pétreas elencadas no artigo 5º estão ou não em vigor e se em nome do princípio maior – a ISONOMIA – podem conviver com as regalias, abusos, privilégios, impunidades, etc., de que está contaminada a CONSTITUIÇÃO-CIDADÃ.

Rio de Janeiro, 29 de dezembro de 2017.

ALBERTO CALVANO – Del. Pol. e Prof. ACADEPOL (aposentado)

SEGURANÇA PÚBLICA: O DIREITO CIVIL INATINGÍVEL

Perdeu-se definitivamente a esperança do Estado assegurar ao Cidadão a garantia constitucional da sua incolumidade físico-mental e do seu patrimônio, no atual cenário de convívio social. Perdeu-se o referencial mínimo para estabelecer as políticas de segurança que o Estado Garantidor tem de implementar, finalizando manter a ordem pública e a ordem jurídica de nação republicana democrática.

Todos esperam que o gerente – administrador da coisa pública – tenha suficiente capacitação para conhecer os diversos cenários em que tiver de operar e saiba montar as equipes de trabalho, para a formulação das estratégias, planejamentos, planos e projetos específicos de atuação da mão de obra especializados disponíveis e dispostos a executar, racionalmente, o que de bom e de melhor o Estado precisa para alcançar com eficácia a sua precípua obrigação constitucional.

Aos poucos essa esperança foi desaparecendo, até atingir estado de calamidade pública, reconhecido pelo gerente, ao ponto de tomar a iniciativa, para decretar a falência do estado administração. É óbvio que esse desastre político-administrativo não surgiu de uma hora pra outra, de molde a surpreender os gerentes executivos da "res publica". Os primeiros sinais mostraram-se presentes com o sucateamento das chamadas DELEGACIAS LEGAIS, que nunca puderam operar conforme planejado, a partir do primeiro mês da inauguração, causando, de imediato, a não participação formal de Órgão de Execução do Ministério Público (MP) e do Órgão Jurisdicional Competente (Juízo Criminal), os quais, ao que parece, jamais acreditaram no sucesso do modelito encomendado à COOPE-RJ, que nos custou e ainda exige milhões de Reais para a sua manutenção. Dinheiro sabidamente mal empregado, colocado em um sumidouro mas, que atendia plenamente aos interesses políticos e financeiros dos idealizadores.

Alcançados os ganhos por quem as patrocinava, recolheram os seus pertences e foram garimpar em outras plagas, coisa que estavam habituados a fazer, quando descobriram os grandes potes de outro dos "royalties" do petróleo.

Com a qualificação e "curriculum" das equipes que se sucederam no comando dos órgãos de segurança pública, perderam-se todas as esperanças acalentadas pela Cidadania, mantida na orfandade pelos messias de "canudos" vazios e desejos pouco nobres.

Tentativas ocorreram e continuarão a ocorrer, porque as pessoas do bem, como bons cristãos, acreditam em milagres, que têm se mostrado inatingíveis até agora.

Rio de Janeiro, 13 de janeiro de 2018.

ALBERTO CALVANO – Del. Pol. PCERJ e Prof. ACADEPOL (aposentado)

RESTABELECIMENTO DA ORDEM E SEGURANÇA PÚBLICA, ONDE ESTAMOS ERRANDO?

Dias após dia, o quadro de violação das leis tem se agravado no cenário altamente adverso em que tem de operar as forças policiais, não apenas no Rio de janeiro, mas em todo o Brasil. Vive-se inquestionavelmente, o pânico total nos logradouros públicos e privados. O ente ativo dessa semeadura maligna, tem a sua origem no narcotráfico, que dita as ações de confisco de vidas e patrimônio do cidadão de bem.

Constata-se com facilidade que o bem está perdendo batalhas e mais batalhas para o mal, na guerra civil travada há decênios, desde o momento em que o Estado-Administração se afastou de suas obrigações legais e constitucionais. O Garantidor mostrou-se incapaz de manter a ordem jurídica e, consequentemente, a ordem pública em todos os espaços que lhe competia proteger, entregando-os a uma nova ordem, que hoje domina não apenas os morros mas, principalmente, o asfalto.

O arsenal bélico do novo delinquente é de última geração, produzido e disponibilizado pela indústria de guerra que demonstra não estar sujeita a qualquer tipo de controle e fiscalização. A coragem e a ousadia dessa nova horda de hunos imobilizam as forças vivas da sociedade, que se tornou refém do próprio aparato que apenas se mantém graças à visibilidade que, mesmo sendo inoperante, passa a falsa impressão de que tem o domínio pontual de espaços do território disputado.

Já se tem afirmado e reafirmado que a mola impulsora dessa avalanche de ações criminosas é o narcotráfico, financiado pelo usuário, consumidor contumaz de toda espécie de substância que o faz "viajar" em um paraíso virtual. É o comércio mais promissor, sempre em ascensão, mesmo quando tudo mais está em crise. Enquanto houver consumidor, os estabelecimentos comerciais estarão sempre disponíveis para a satisfação das "necessidades" básicas do mantedor do sistema. "O narcotraficante mata e morre para assegurar ao usuário-financiador a mercadoria que o satisfaz, assegurando-se assim a fidelidade empresarial".

Hoje se tem a exata compreensão de que tudo gira em torno dos tóxicos, sabidamente financiados primariamente pelo usuário-viciado, que traz para o sistema interesses financeiros vultosos, que montam autênticas organizações, sustentadas por eficientes assessorias técnicas, inteligentemente afastadas do "front".

Pode-se afirmar que a escalada da violência urbana atingiu níveis extremamente perigosos para ser tratada com as tradicionais ações, hoje limitadas ao confronto armado, onde os blindados tem papel importante para que o policial possa adentrar nas comunidades controladas pelo narcotráfico. O cenário é de autêntica guerra civil. O Estado Garantidor está tão fragilizado ao ponto de não poder, sequer, se garantir.

Coadjuvante nessa nova ordem, destaca-se a corrupção que viceja nos postos mais elevados da administração pública, onde fazem qualquer tipo de negócio para manter-se no poder. No Rio de Janeiro a fraude, o peculato e o estelionato no gerenciamento dos mirabolantes projetos, levou essa unidade da federação à falência financeira, que acabou por desmantelar as forças policiais, obrigando a União a promover uma espécie de intervenção branca no Estado, com o deslocamento de forças militares para garantir as ações da própria polícia, algo nunca visto nos últimos cinquenta anos, período em que militamos na área da segurança pública.

As várias facções que disputam o promissor comércio do contrabando de armas e tóxicos já têm agendado reuniões para a formação de cartel, à semelhança de Medelín, com possível evolução para se transformar em partido político, padrão Farcs".

Apesar de todo esse conhecimento, continuamos errando ao se substituir a inteligência pelo confronto, em produzir planejamentos elitistas, voltados para público-alvo de potencial eleitoreiro e construção de siglas que nada representam para o restabelecimento da ordem e segurança públicas, que poderia melhorar a credibilidade e confiabilidade de quem está administrador público.

Tudo leva a crer que depois da destruição dos caixas eletrônicos, do controle dos eixos rodoviários, ataques às UPP's e delegacias de polícia, da caça e extermínio de policiais civis e militares, inclusive, Delegados de Polícia, breve veremos ataques suicidas a dependências militares, como castigo por se exporem, protegendo a polícia do cidadão.

No Rio de Janeiro, estamos vivendo uma guerra civil mas não praticamos e aplicamos as leis de guerra. Até quando, impassíveis, assistiremos a nossa execução.

Basta de planos e mais planos, de eficácia duplo zero.

Rio de Janeiro, 06 de fevereiro de 2018.

ALBERTO CALVANO – Del. Polícia PCERJ e Prof. ACADEPOL (aposentado)

PEDIDO DE VISTA NOS TRIBUNAIS
SUPERIORES DO PODER JUDICIÁRIO

Inquestionavelmente, durante a apreciação de matéria complexa nos tribunais colegiados, onde a pluralidade de membros julgadores traz para o plenário conceitos divergentes, obriga observância de cautela maior, para que se chegue a uma prestação jurisdicional mais próximo possível do justo legal. É o momento próprio do exercício do pedido de vista para, no recesso e tranquilidade do seu gabinete de trabalho, o magistrado com direito ao uso da palavra e voto, possa aclarar os pontos polêmicos e exercitar a sua função jurisdicional.

É a razão maior para paralisar o julgamento, retirando da pauta a matéria submetida ao guardião da Constituição e dos direitos e garantias fundamentais da Cidadania. Quando assim se age, não haverá crítica sustentável que possa se apor ao comportamento funcional do servidor público no exercício do mais elevado cargo do Poder Judiciário.

A isto chamar-se-ia de controle externo da judicatura, exercitado pelo titular dos poderes delegados – o POVO. Parece-nos bastante simples, desde que não se exceda prazo razoável, não conflitante com o bom senso, a ética, a moralidade, a legalidade e a transparência dos votos já colhidos e suficientes para uma decisão por maioria simples. Quando já se tem decisão por maioria qualificada, os votos restantes não terão força suficiente para reverter a decisão já conhecida.

Por isso, causa-nos dificuldade de compreensão a questão de redefinição do foro privilegiado para algumas categorias de servidores públicos, ante ao teor que a mídia volta a trazer para conhecimento e manifestação da opinião pública, cujo processo encontra-se há vários meses nas mãos de Magistrado Judicante, para apresentar seu voto e permitir pauta-lo para conclusão do julgamento. Registra a mídia que dos onze Ministros, sete já tenham proferido o seu voto pela redefinição do privilégio processual, restando apenas quatro para terem o seu voto colhido, insuficientes para alterar a posição da Corte Suprema, a ser apenas prolatada e publicada.

Mesmo superando-se na verbalização e significativos argumentos, o culto e competente magistrado apenas estará retardando o fim de odioso privilégio que confronta e fere o princípio maior do estado democrático – a ISONOMIA.

Pelo cochilo ou pelo despertar de uma consciência até então manietada, o guardião já tinha antecipado o resultado ante a maioria alcançada. O que daria aos votos restantes, apenas o cumprimento de formalidade processual e não essencial para o deslinde definitivo desse pesadelo que tortura as pessoas de bem.

Pedido de vista nesse cenário é apenas procrastinação e desserviço à Justiça, ao Direito, à Ética e à Moral.

"Venia concessa"

Rio de Janeiro, 24 de fevereiro de 2018.

ALBERTO CALVANO – Del. Polícia PCERJ e Prof. ACADEPOL (aposentado)

POR QUE NÃO SE DECRETA ESTADO

DE DEFESA NO RIO DE JANEIRO?

Indagam pessoas preocupadas com a total incapacidade gerencial demonstrada pelo governo do Estado do Rio de Janeiro, quais as razões que estão impedindo que se aplique essa medida extrema de intervenção do governo federal nesta unidade da federação, controlada por grupos, facções ou organizações criminosas, que mantém a população prisioneira em suas próprias casas? Vive-se uma espécie de guerra civil informal, onde se praticam atos bestiais, que estão sendo gravados pelas próprias feras ensandecidas, para serem, inconscientemente, exibidas pelos diversos canais de televisão, causando mais pavor a uma população, que vive em permanente pânico, produzido pelo cenário em que deverão viver, enquanto a criminalidade permitir.

Alguém já construiu nestes últimos dias frase lapidar, que nos indicaria uma das múltiplas razões que teriam concorrido para esse quadro dantesco. Publicou-se no jornal O GLOBO texto lavrado nos seguintes termos: "VEJO NO RIO AS PESSOAS DURANTE O DIA CLAMAREM POR SEGURANÇA E À NOITE FINANCIAREM O CRIME PELO

CONSUMO DE DROGAS". Tivemos até um Chefe de Polícia, muito midiático, que dizia: "À noite Ipanema brilha!".

Inquestionavelmente é um ato de soberba coragem praticada por quem ocupa cargo político, manifestando-se como Cidadão, ao assumir a novel pasta ministerial da Segurança Pública. Identifica-se, no episódio, tênue rastilho de pólvora que caminha em direção de não menos soberbo barril que, explodindo, poderá seguir os rastros de uma "nova lava-jato" em terras fluminenses. Ninguém pode negar que, primariamente, é o agente experimentador-usuário-traficante o financiador do narcotráfico, com todas as suas mazelas e desgraças, porque passam as famílias e que contamina o Estado e golpeia de morte o princípio da autoridade. Hoje, os crimes contra o patrimônio constituíram-se em vertente alimentadora e sustentadora de câncer metástico fulminante da saúde das finanças domésticas e da própria nação, quando coopta com os diversos seguimentos com que se depara no curso da sua fúria destrutiva.

Há mais de um decênio temos afirmado que as nossas políticas de segurança pública estão erradas porque elegeram o confronto armada – uma espécie de moderna liça – para se provar quem manda no território, cujo comércio é disputado pelas facções em permanente luta.

As ações e ocupações pontuais, pela forma e conteúdo, deixam a impressão de que tudo é mais uma fantasia dos duelos medievais, onde a força bruta substituía a inteligência – esse grande potencial que foi legado pelo Criador ao "homo sapiens", o que o diferencia dos demais seres do reino. A ordem pública e a paz social estão ameaçadas; a ordem jurídica, igualmente; o princípio da autoridade constituída, desrespeitado; iminente instabilidade institucional está instalada e visível para todo o Povo, menos para a classe política que chora as perdas financeiras causadas pelas delações premiadas, estão todas a indicarem que não bastam a criação de mais um Ministério Especial e colocar as Forças Armadas nos logradouros públicos, se não forem aplicadas as medidas do ESTADO DE DEFESA, especialmente o inciso III do parágrafo 3º do artigo 136 da Constituição isso, se passarmos a praticar políticas de segurança pública, priorizando a inteligência policial.

Rio de janeiro, 05 de março de 2018.

ALBERTO CALVANO – Del. Polícia PCERJ e Prof.
ACADEPOL (aposentado)

O QUE FOI FEITO DA INTELIGÊNCIA POLICIAL?

Certa vez, alguém teria dito que, no Rio de Janeiro, a política mandava na Polícia. Isso gerou nos "ramons" da época bastante desconforto. Estavam sendo acusados por dois Delegados de Polícia de práticas proibidas, com tipificação penal. O artigo foi publicado com destaque pelo jornal O GLOBO e rendeu alguns aborrecimentos aos dois servidores públicos, que viam o exercício da função policial como uma garantia maior dos direitos fundamentais do Cidadão.

Ambos exercitavam-se com certo desembaraço as missões que lhes cabiam conhecer e decidir. Era uma rotina prazerosa e que começava a criar raízes estimulando a saudável competição, que trazia bons frutos para a prestação jurisdicional saudável e até bastante célere. Era algo que fazia bem a todos, inclusive, à própria criminalidade do "colarinho branco" que viam nisso uma advertência de que o crime não compensaria.

Era uma época que ainda se operava com inteligência. Estavam na berlinda: as fraudes no ICMS, as "quentinhas", o desvio de numerário do BANERJ, as licitações, obras públicas, DETRAN, etc., etc. Era perigoso demais permitir que a inteligência policial se mostrasse eficaz e estimulasse o intercâmbio para a criação de um grande banco de dados com programas específicos de tecnologia de primeira geração.

Os homens maus, infiltrados na classe política, decretaram a sua morte, contando com o apoio dos preguiçosos da própria Polícia. Popularmente foi a sopa no mel. Colhemos agora os "bons" resultados. Aos sobreviventes e às gerações futuras gerações foram oferecidas a vestimenta negra, o rosto camuflado, o fuzil, o colete e, até blindados. Entramos na era do confronto, da milícia, da expropriação e confisco e da caça implacável ao caçador.

Da segurança de então, restou-nos apenas algumas saudades, até que nos fechem os olhos, por discordarmos dos novos padrões éticos-morais.

Rio de Janeiro, 06 de março de 2018.

ALBERTO CALVANO – Del. Polícia PCERJ e Prof. ACADEPOL (aposentado)

DUAS DÉCADAS E MILHÕES DE REAIS

DESPERDIÇADOS NAS DELEGACIAS LEGAIS

Uma boa ideia, um razoável projeto e uma péssima execução, assim poderíamos definir esta iniciativa governamental que recrutou know-how da COPPE-UFRJ, na pessoa de Segen Farid, especialista em pesquisas de água profunda, cujo projeto-piloto nos custou, à época, a bagatela de R$ 3.800.000,00.

Formalmente, por três vezes, sendo duas no primeiro decênio e uma neste último, fizemos, por escrito, as observações que a execução do projeto comportava e indicava, finalizando o seu aperfeiçoamento, considerada a natureza dinâmica da criminalidade comum e da organizada.

Em todas elas destacou-se sempre o descaso de quem estava no gerenciamento da polícia judiciária estadual, no específico campo das atividades de inteligência-investigação, relevante para o bom êxito na coleta de evidências e indícios da autoria e materialidade do delito.

Um banco de dados sobre locais, agentes investigados, suspeitos, "modus operandi", organizações criminosas e suas migrações e evolução nas diversas modalidades, armamento (origem e destino), etc., etc., nunca mereceu destaque nas políticas governamentais implementadas. O confronto sempre foi a tônica das ações preventivas e repressivas.

O modelo que se pretendia implantar, poderia manter sob controle razoável a criminalidade comum e, com isso, ousar-se investir contra o crime organizado, em suas diversificadas modalidades, desde que não ficasse apenas no papel, como continua até hoje, decorridas quase duas décadas.

Bastou encomendar um desafiador projeto, assinar um contrato, dispensar-se a necessária licitação, pagar-se o preço estipulado e dormir sob os louros de uma grande vitória.

Hoje vemos que tudo foi para o ralo, pois as Delegacias Especiais de Acervo Cartorário, foram definitivamente incorporadas à estrutura organizacional e operativa da PECERJ, porque em duas décadas não se conseguiu encerrar os inquéritos que tramitavam nas delegacias tradicionais mas, a elas se adicionaram os das Delegacias Legais, que também não foram concluídos no prometido prazo de, no máximo, dois meses.

Apesar dos investimentos que já alcançaram a fabulosa cifra de centenas de milhões de reais, o quadro é desalentador. Sequer uma tênue luz se percebe na escuridão em que se viu mergulhada a já combalida segurança pública.

Enquanto esse quadro evolui para uma situação de total incapacidade de gerenciamento do espólio, cresce o cerco asfixiante da ordem pública, agora também privada de um mínimo de recursos orçamentários, ante a decretação da falência financeira pelo próprio governo do Estado. Acredita-se que nem a intervenção federal seria capaz de restabelecer a credibilidade no combalido governo populista-assistencialista.

Rio de Janeiro, 17 de março de 2018.

ALBERTO CALVANO – Del. Polícia PCERJ e Prof. ACADEPOL (aposentado)

A FACULDADE DE MEDICINA DA UFRJ

CRIARÁ DISCIPLINA VOLTADA PARA LGBT

O Globo, edição de 14.04.2018, na página 14 RIO publicou notícia intitulada "Estudante de medicina denuncia LGBT fobia na UFRJ", tornando público, por meio formal de comunicação, informação sobre a existência de denúncia nas "redes sociais", de que um dos professores da Faculdade de Medicina pedira ao estudante daquela universidade para ele ser "menos afeminado", enquanto um outro teria dito que "viado não pode fazer urologia".

Ao que parece o queixoso, ao manifestar-se nas "redes sociais", teria exercitado o seu repúdio ao suposto tratamento, que um educador lhe dispensara, em razão do perfil que via e sentia em sala de aula, considerando, provavelmente, tais palavras, uma ofensa à sua pessoa e a dignidade de ser humano, no convívio acadêmico e social.

A notícia – direito de informar e direito à informação – cobririam os episódios de garantia constitucional plena, mas trariam no seu bojo reflexos tão ou mais graves daqueles, decorrentes das manifestações dos supostos ofensor e ofendido, pelo alcance das notícias e suas inarredáveis interpretações. A divulgação dos episódios – o fato e o noticiário – talvez feitos em um primeiro momento tivessem simplesmente o intuito de ser notícia e de alcançar público maior do que o efetivo de uma sala da aula , "as redes sociais" e os assinantes e eleitores do ,prestigiado matutino.

Contudo, parece que as consequências legais, jurídicas e acadêmicas passam para um plano de responsabilização, quanto ao ânimo dos agentes – consciência e voluntariedade – de que estaria animado o acontecimento.

Lembrete, advertência, compostura, conduta respeitosa e isonomia são momentos relevantes do convívio social das pessoas educadas e preparadas para interagirem no cotidiano das suas relações pessoais. Educandos e educadores têm papel importante para o progresso e a tão desejada e sempre invocada paz entre os homens de boa vontade.

Não se sabe se a "criação de uma disciplina voltada para o cuidado de LGBT" removeria o "iceberg" cuja ponta está agora aflorando.

Pedido de desculpas e aperto de mãos, com um melhor nível de diálogo talvez fosse a melhor coisa a aviar. Boa sorte à salutar parceria.

Rio de Janeiro, 14 de abril de 2018.

ALBERTO CALVANO – Del. Polícia PCERJ e Prof. ACADEPOL (aposentado)

MANIPULAÇÃO DA POLÍCIA JUDICIÁRIA. REVELAÇÕES PREOCUPANTES

Lentamente, revelações do submundo político-partidário, tornadas pública pela mídia, têm confirmado entendimento esposado por segmento importante do mundo jurídico, de que é perigoso para o estado democrático de direito e garantia constitucional de cláusulas pétreas, manter-se a polícia judiciária brasileira ao sabor dos ventos da conveniência e oportunidade, que caracterizam a vontade política de quem está administrador da "res publica".

De há muito optou-se, no ordenamento jurídico vigente, pelo sistema acusatório na prestação jurisdicional em campo penal, por ser mais coadunante com a nossa cultura jurídica e as próprias garantias do estado de direito. Daí as funções essenciais à Justiça merecerem tratamento especial no que tange a prerrogativas e garantias excepcionais quando no exercício das suas atividades. Destaque-se que estas visam exclusivamente àqueles em cujo nome agem no cenário jurídico pátrio e não em quem está momentaneamente exercitando-as. As garantias pertencem ao delegante, "in casu", o POVO, titular absoluto dos poderes, instrumentalizados para dar vida e dinâmica ao próprio estado democrático.

A Constituição da República Federativa do Brasil de 1988 prevê em seu artigo 127 e seguintes – 128, 129, 130, 131, 132, 133, 134 e 135 – as Funções Essenciais à Justiça, nomeando-as em suas III Seções, a saber: Ministério Público, Advocacia Geral da União, Advocacia Defensoria Pública, ficando de fora por ignorância da sua relevância jurídica ou interesses menos nobres a Polícia Judiciária, auxiliar direta e imediata da prestação jurisdicional em área penal.

O passado da história da polícia do Cidadão em território nacional, ainda não liberto do velho sistema das capitanias hereditárias – pequenos feudos da idade moderna – não permitiu que, ao alvorecer do século XXI, se extinguisse a secular guarda pretoriana, como polícia de Estado, que tudo podia e ainda pode, para garantir que o corporativismo mantenha o domínio e a disposição da coisa pública, em proveito próprio.

Não se constrói uma democracia mantendo a Cidadania refém de regras e comportamentos onde os fins justificam os meios. Isso cheira muito a ditadura corporativista onde pessoas têm como profissão a política hereditária, garroteadora do desenvolvimento e progresso social de quem lhes outorga poderes para gerenciar o estado democrático.

Quando a ponta do "iceberg" ganha proporções de um Himalaia tupiniquim, com declarações incisivas de próceres políticos, denunciando que os Delegados de Polícia devem exercitar as suas funções constitucionais de polícia judiciária ao gosto e interesses dos nomeantes e não da Cidadania e da democracia, estamos abrindo a famosa "caixa preta" da Justiça Brasileira.

Louvem-se as novas gerações que hoje pontificam na Magistratura Judicante, Ministério Público e Polícia Judiciária que cumprem com o solene compromisso quando laureados em jurisprudência e empossados após concurso público, em funções essenciais à justiça.

O exemplo recente que nos propiciam esses novos guardiões do templo do Direito e da Justiça, merecem não apenas os justos aplausos pela competência e coragem de enfrentar o mar revolto de uma sociedade que já tenha perdido todas as esperanças de melhores dias para as gerações que nos sucederão.

Enquanto esperamos esse primeiro milagre, oremos para que a harmonia entre essas funções essenciais se consolidem e lutemos para que a POLÍCIA judiciária, tenha o direito que lhe pertence de ombrear com esses guerreiros anônimos.

Rio de Janeiro, 21 de abril de 2018.

ALBERTO CALVANO – Del. Polícia PCERJ e Prof. ACADEPOL (aposentado)

A NATUREZA DAS EXPRESSÕES "culpado" e "presunção de inocência" NA CARTA DE 1988

A linguagem e a comunicação se operam, primariamente, através de vocábulos, palavras escritas ou oralmente produzidas e expressões, que levam uma ideia ao conhecimento do mundo onde são proferidas e onde devem produzir os seus efeitos. Isoladamente o vocábulo tem um sentido mas, associado a outros, pode ter significado diverso do original, causando natural conflito interpretativo, levando as pessoas, em alguns momentos, à radicalização desagregadora da sua importância no contexto social. Diríamos: desune ao invés de unir. Daí se recomendar sempre, que na exposição de suas ideias, o autor o faça com cautela e compreensão para quem está sendo dirigida.

Na elaboração de normas de consumo diário obrigatório esse cuidado nem sempre se verifica de maneira uniforme, ocasionando reações que produzem outras, de efeito em cadeia. Nesse cenário também se encontram inúmeros dispositivos da Carta de 1988, que somente serão percebidos diante de um fato concreto, como agora está ocorrendo com inúmeros pleitos ajuizados perante o Guardião da Constituição, o SUPREMO TRIBUNAL FEDERAL.

Comecemos pelo inciso XXXV do art. 5º: "a lei não excluirá da apreciação do Poder Judiciário lesão ou ameaça de direito;". Seguem-se os incisos LVII, onde se sentencia: "NINGUÉM SERÁ CONSIDERADO CULPADO ATÉ O TRÂNSITO EM JULGADO DE SENTENÇA PENAL CONDENATÓRIA." Em seguida, complementa-se a regra com o princípio garantístico do inciso LXI, nos termos: "ninguém será preso senão em flagrante delito ou por ordem escrita e fundamentada de autoridade judiciária competente..." para, na hipótese de inobservância desta regra normativa, dispor do inciso LXVIII, que "conceder-se-á habeas corpus sempre que alguém sofrer ou se achar ameaçado de sofrer violência ou coação em sua liberdade de locomoção, por ilegalidade ou abuso de poder;". Observa-se que as três regras se completam ao se buscarem a legalidade e legitimidade do ato restritivo da liberdade de locomoção, na decretação da prisão por autoridade judiciária.

Da clareza dos textos tem-se como dogma que a prisão somente decorrerá em flagrante da prática de crime ou por decreto judicial. Nesta segunda hipótese exige-se que para o recolhimento ao cárcere, que a culpa do agente tenha sido examinada por um juízo monocrático e por um juízo colegiado, únicos competentes para presidir e examinar as provas de autoria e materialidade do delito. Findo o duplo grau de jurisdição, vem a fase recursal, com todas as suas modalidades, mas que não tem legitimidade para suspender os efeitos da sentença condenatória, que começa a ser cumprida com a expedição do título executivo – o mandado de prisão.

Não tendo essa fase – recursal – qualquer efeito suspensivo, somente o habeas corpus, se provido, poderá caçá-lo. Diante do que prevê o ordenamento jurídico vigente, conclui-se que o TRÂNSITO EM JULGADO da sentença condenatória ocorre com a confirmação da sentença do Juízo monocrático. Não tendo os recursos admissíveis qualquer efeito suspensivo, como já dito, tem-se aí o momento consumativo para a execução da sentença. Neste ponto é que ocorrem os debates acadêmicos sobre matéria já exaustivamente dissecada na Constituinte, cujos anais estão à disposição dos que ainda não se convenceram de que não é muito salutar para o estado democrático de direito insurgir-se contra o óbvio.

Lamenta-se, contudo, que é o próprio Guardião da Carta que esteja envolvido com esse extravagante exercício do "direito á impunidade", que muito desacredita o Judiciário brasileiro. Cultura, competência e capacidade de argumentação não lhes faltam e o demonstram em todas as sessões semanais, vistas ao vivo no seu sistema televisivo.

Espera-se que não se frustre a última esperança de quem lhes paga os razoáveis estipêndios mensais. "Concessa maxima vênia".

Rio de Janeiro, 09 de abril de 2018.

ALBERTO CALVANO – Del. Polícia PCERJ e Prof. ACADEPOL (aposentado)

A NOVA POLÍCIA, A DELEGACIA LEGAL E A EXECUSÃO SUMÁRIA DE PARLAMENTAR

O Rio de Janeiro tem, há mais de duas décadas, uma nova polícia calcada em milionário projeto elaborado na COOPE-UFRJ, por profissionais altamente qualificados que se propuseram tirar a polícia fluminense da barbárie e elevá-la a um plano ambicioso de primeiro mundo, abrindo-lhe o caminho para a civilização. Era um compromisso solene.

O que seria uma promessa de campanha de candidato ao governo do Estado, transformou-se em carro-chefe de uma administração caótica, irresponsável e criminosa, que acabou por destruir a mítica de uma polícia que resistira a todas as administrações que dela se serviram durante muitos anos.

Sobre esse estrondoso fracasso, visível a olho nu, desde que começou a ser implantado, muito se escreveu pontuando as equivocadas prioridades e disso se deu conhecimento aos órgãos de fiscalização e controle do Estado, sem que se conhecesse até agora, qualquer providência determinada pelos gestores da coisa pública.

E, assim, caminhou-se durante muitos anos por trilhas tortuosas e mal iluminadas, até que chegamos ao fundo de um poço, do qual dificilmente seremos retirados.   Decretou-se a falência do Estado, vítima moribunda de administrações que pilharam os cofres públicos, até o último centavo.   A esse quadro pouco lisonjeiro, somou-se a edição de outro decreto de intervenção da União na segurança do Estado, diante do grave comprometimento da ordem pública, da insegurança jurídica e iminente instabilidade institucional.

Até aí, tudo permaneceu como dantes, empurrando-se com a barriga o entulho de administrações populares clientelistas que, através de autênticas garimpagens, não abriam mão sequer de uma mísera migalha de pão.   E, assim, inesperadamente viramos manchete internacional, que chegou até à ONU, com apelos para também intervir no sentido de se fazer cessar os assassinatos em série, alguns por encomenda, outros ocasionais e, o grosso, por causa da guerrilha urbana que se instalou na área do narcotráfico. Policiais passaram a ser executados pelo estado paralelo, por se intrometerem em seus negócios e, em menos de quatro meses deste ano a cifra de policiais militares mortos superou mais de uma centena. Insatisfeitos os novos senhores da guerra – ao que tudo indica – executaram uma parlamentar do município do Rio de janeiro, eleita com mais de 40.000

votos no centro da cidade, numa soberba demonstração de controle e mando sobre a população que não mais sabe a quem recorrer para estancar a sangria a que está submetida pela incompetência e incapacidade de quem está governante.

E então indagar-se-ia: onde está a NOVA POLÍCIA? O que foi feito da DELGACIA LEGAL? Quem será chamado para prestar contas desses milionários "investimentos" direcionados para a segurança do Cidadão? E, a inteligência policial? Continuaremos "investindo" no temerário confronto? Transformaremos o nosso policial em máquina mortífera? Teremos mais um projeto "retrô"?

Rio de Janeiro, 13 de abril de 2018.

ALBERTO CALVANO – Del. Polícia PCERJ e Prof. ACADEPOL (aposentado)

INTERVENÇÃO, ESTADO DE DEFESA OU...?

Depois da tempestade, eis que surgem, no horizonte, sinais de novas esperanças. Não seria um milagre, mas um tardio despertar de longo pesadelo a que estava submetida à cidadania, subjugada, irresponsavelmente, pelo crime organizado e outras facções desse submundo.

Paradoxalmente, propõem-se intervenção no Governo de unidade federativa que tudo estaria experimentando para conter a criminalidade comum e organizada, finalizando justamente passar para a União o planejamento e execução de medidas preventivas e repressivas, para o mesmo fim.

Literalmente os grupos criminosos, agindo em conjunto ou individualmente, não mais temem a Lei, confrontam com os Poderes e mantêm em cárcere coletivo não apenas os moradores do morro como, especialmente, os do asfalto.

O cenário é de grave comprometimento da ordem pública, uma vez submetida a ordem jurídica. O Estado de Direito e as Instituições Democráticas encontram-se seriamente ameaçadas por uma novel ordem, construída e praticada por contumazes violadores da Carta Republicana e leis que compõem o vigente ordenamento jurídico. O narcotráfico, com todos os seus tentáculos, verdadeira medusa dos tempos modernos, tudo devora sem seu derredor, não por causa de uma espúria ideologia, crença ou corporativismo, mas quiçá por mero espírito de vingança, utilizando-se o apoio financeiro que lhes proporciona o doente mental, representado pela figura do experimentador-usuário-traficante. Essa, para ter o seu diário alimento, desencadeia, inconscientemente, uma guerra sem quartel em todos os rincões deste país.

"In casu", essa agressão ao Estado de Direito, adequa-se, s.m.j., à definição expressa no artigo 136 da Carta para a decretação do Estado de Defesa e não de intervenção, previsto no artigo 34 e seguintes da mesma Norma. Não se trata apenas da ordem pública comprometida mas, a própria segurança do Estado. Quanto muito, a ordem pública pode ter sido apenas o estopim de um quadro que está a merecer profunda intervenção cirúrgica para lancetar maligno tumor que acabará por destruir todas as células capazes de resistir o presente ataque do mal.

Infelizmente, se necessário for, o inimigo da cidadania terá que suportar as restrições do artigo 136 p. 1º, inciso I, alíneas a, b e c e p. 3º, inciso III, especialmente quanto ao direito de ir e vir, que dispôs: "a prisão ou detenção de qualquer pessoa não poderá ser superior a dez dias, salvo quando autorizada pelo Poder Judiciário;".

É o tratamento de choque que a Lei Maior autoriza para a defesa do estado e, consequentemente, da própria Cidadania. "Concessa maxima venia".

Rio de janeiro, 17 de fevereiro de 2018.

ALBERTO CALVANO – Del. Polícia PCERJ e Prof. ACADEPOL (aposentado)

SUPREMO: IRECONHECÍVEL COMO
GUARDIÃO MAIOR DA CIDADANIA

Triste o recente episódio de que foi protagonista um seleto colegiado, a quem a cidadania paga o maior salário – dito estipêndio na linguagem jurídica – ao decidir matéria constitucional simples, de fácil compreensão e, acima de tudo do princípio maior da Carta Republicana de 1988. Bastava dizer e sentenciar que todos são iguais diante da lei, independentemente do seu status social, financeiro, religioso, ideológico e tudo mais que se agrega ao nome de certas pessoas, para tentar fazer parecer que são destinatários de tratamento especial. Isso se resumiria na aplicação da ISONOMIA constitucional.

Não está na Lei Maior que essa isonomia seria disciplinada por norma infraconstitucional ou mera decisão judicial. Que caberia ao Poder Judiciário, Legislativo ou Executivo, criar no âmbito corporativo classe de intocáveis figuras não alcançadas pela guilhotina da Bastilha.

Assim pensava-se e assim esperava-se. Mas tudo deu errado. O seleto e respeitável colegiado não estava inspirado e muito menos consciente de que depois de DUNQUERQUE da II Guerra Mundial, em Pindorama tivemos a retirada das Forças Armadas da Rocinha e que não poderíamos suportar a retirada do Supremo na aplicação das regas e princípios da Carta de 1988, abdicando da sua EXCLUSIVA competência e atribuições, sujeitando assim o Guardião à censura e decisão final na aplicação da Lei a Membros da instituição que tem como finalidade precípua LEGISLAR e, jamais, interpretar e aplicar a Lei. Nos primeiros passos dos calouros nas universidades de direito, ensinava-se que o Poder Legislativo fazia as leis; o Executivo era o responsável pela execução, cabendo ao judiciário a sua interpretação onde houvesse dúvidas e aplica-las isonomicamente, em um estado democrático de direito.

Infelizmente, vive-se, momentaneamente, uma realidade perversa, onde o guardião não é eleito mas, simplesmente escolhido, não por todos mas por uns poucos, que terão as suas condutas fiscalizadas e julgados os ocorrentes desvios. Harmonia, interação e clamada interdependência, ficam apenas nos belos e inflamados discursos.

É triste, muito triste mesmo, ver brilhantes carreiras se encerrarem melancolicamente.

Contudo, temos esperança de dias melhores e de reparação dos danos causados ao POVO que lhes paga razoavelmente bem. Lamenta-se que neste seleto grupo de bons juristas se encontrem velhos companheiros da velha e respeitável F.N.D. da U.B. do século passado.

Rio de janeiro, 13 de outubro de 2017.

ALBERTO CALVANO – Del. Polícia PCERJ e Prof. ACADEPOL (aposentado)

O POVO, O ELEITOR E O ELEITO NA CONSTITUIÇÃO DE 1988, FRENTE ÀS CLÁUSULAS PÉTREAS

Afirma-se com muita veemência que, numa república democrática ou democracia republicana, COMO QUEIRAM, todo o poder emana do Povo e em seu nome será exercido (isso quando não exercido pessoalmente), hipótese em que ocorre a delegação de poderes. Teremos, então, o Povo como delegante-outorgante (eleitor) e o eleito, como delegatário-outorgado.

Neste cenário, o representante legal tem parte dos poderes que pertencem ao outorgante; poderes esses que não ultrapassam os limites que o Povo entendeu essenciais ao exercício da cidadania. Por isso, fica muito difícil para todos nós compreendermos que os nossos procuradores (parlamentares eleitos) legislem para si ao invés de fazê-lo em favor do outorgante-eleitor, blindando-se e alçando-se a uma categoria de servidores públicos especiais curadores de incapazes.

Episódios recentes que inclusive foram submetidos ao Poder Judiciário, onde invocaram garantias e prerrogativas de acusados de práticas de crime inafiançável, observou-se que, apesar dos protestos do eleitor-outorgante, relativamente à ocorrência de abusos no exercício da delegação, ignorou-se flagrantemente o princípio isonômico expresso no "caput" do art. 5º da Constituição de 1988 e, com isso reconheceu-se, tacitamente, que o outorgado-eleito (o parlamentar), obtivera na verdade, quando investido do cargo público eletivo, uma posição superior dentro da sistemática do ordenamento jurídico.

A situação se agrava porque não se presta contas nem ao outorgante-eleitor e, muito menos, ao Poder Judiciário. Criou-se verdadeira divindade, que tudo pode e nada deve à sociedade de onde foi recrutado para representa-la. Autoritarismo autêntico e impunidade asseguradas, por um julgamento classista imperdoável, graças a inexplicável interpretação da Colenda Corte Constitucional do país – o S.T.F., quando se viu diante de regras antagônicas – cláusula pétrea e cláusulas discriminatórias corporativistas direcionadas a Membros dos Poderes e Funções Essenciais à Justiça – um paradoxo incompreensível, quando se faz uma leitura atenta dos princípios, direitos e garantias fundamentais do Cidadão, sem as adjetivações tão fartamente encontradas em dispositivos, depois das cláusulas pétreas.

Indagar-se-ia se as cláusulas pétreas se aplicam a todos e, em alguns segmentos, alinhados com outra doutrina, as mesmas mas, com entendimento diferenciado, aos quais presenteou-se com o foro especial e outras benesses, como legislar e julgar em causa própria.

A missão de desvendar a trama, retirando da penúria o estado brasileiro, retornar-se o caminho do justo, do ético, da moral e, bem assim, devolver-se a credibilidade nas instituições, é responsabilidade exclusiva dos atuais Ministros do Supremo Tribunal Federal, que têm, ultimamente, apresentado sintomas de esgotamento, comprometedores da harmonia que deveria ser observada entre os pares, presente nos debates e discussões pouco republicanas.

Rio de Janeiro, 20 de novembro de 2017.

ALBERTO CALVANO – Del. Polícia PCERJ e Prof. ACADEPOL (aposentado)

AÇÃO DAS FORÇAS DE INTERVENÇÃO. MENSAGENS CIFRADAS PARA CONSUMO INTERNO?

O estudo militar-policial parece que começou a se movimentar lentamente, dentro de um planejamento concertado em tempo reduzidíssimo e com parcos recursos logísticos e de informações confiáveis, para emprego imediato da tropa acantonada onde foi possível fazê-lo.

O estudo do terreno onde deveria operar, o efetivo estimado da força a confrontar, o armamento existente, os suprimentos disponibilizados, os meios de locomoção, a heterogeneidade da população civil da área com os seus medos, a sua cultura e o domínio que o invasor exercia sobre parcela importante das comunidades, foram tópicos que saltaram sobre as mesas de coordenação e controle das operações, pare restabelecer a ordem pública e a paz social nos guetos que se construíram nas áreas abandonadas pelo poder público durante anos seguidos.

No entanto, o desafio fora lançado sem que se pudesse montar, a contento, as ações com os seus objetivos definidos, fases e momento de encerramento.   A urgência e o grau de comprometimento da segurança física naquele espaço levaram os participantes da força-tarefa à improvisação, procurando ajustar o planejamento à medida das necessidades ocorrentes.

Contudo, nesses primeiros dias de trabalho conjunto, ocorreu desafio maior para as forças de segurança pública, quando se verificou o assassinato, a tiros de arma de fogo, de uma destacada parlamentar do município da capital do Estado, executada em plena via pública, no trajeto da Câmara dos Vereadores para a sua residência, no bairro da Tijuca.

Os vestígios deixados no cenário são típicos de ação confiada a profissionais da soberba pistolagem mafiosa que hoje domina o Estado Brasileiro, tomado refém do crime organizado, demonstrando ter esse cooptado segmento importante da administração pública. Mesmo não querendo admiti-lo, as evidências indicam frontal desafio à intervenção federal, deixando claro tratar-se de uma execução sumária modelada em práticas sazonais de advertências ao estado democrático de direito. É uma caraterística cena de queda de braço, cujo vencedor será aquele que mostrar maior disposição e empenho na execução das suas tarefas. O tempo demonstrará que a cooptação desses setores blindou o poder paralelo contra ações isoladas de pequenas forças do bom, insuficientes para romper a primeira camada da blindagem desafiadoramente exibida.

Já é tempo de se reverem as estratégias das guerras tradicionais, incapazes de reverterem esse quadro de perigoso desânimo que tomou conta da cidadania brasileira.

A tarefa já não era fácil para os profissionais que operavam, também improvisadamente nesse terreno minado e bastante irregular e, por isso, as dificuldades serão ainda maiores para as forças de intervenção, que deverão adaptar-se em uma outra modelagem do cenário de combate. O combatente militar treinada para a contenção e destruição das forças inimigas deverá evitar, ao máximo, o confronto com as mesmas na área urbana, devendo substituí-lo por ações de neutralizações, para resguardo da população civil e patrimônio público.

Isso requer tempo e recursos logísticos consideráveis, o que não está sendo possível em face do estado falimentar oficialmente declarado pelo administrador.

Não seria demasiado afirmar que a solução não será alcançada em breve espaço de tempo, o que requererá mais sacrifícios para a população e desgaste para o gestor da coisa pública.

Esta mensagem está visível para todos nós.

Rio de Janeiro, 24 de abril de 2018.

ALBERTO CALVANO – Del. Polícia PCERJ e Prof. ACADEPOL (aposentado)

"C'É UM CADAVERE SULLA VIA"

A Editora OSCAR MONDADORI (Mondadori Editore S.A., Milano), no ano de 1948 publicou a tradução de Alberto Todeschini do romance policial de Agatha Cristie intitulado "C'É UM CADAVERE IN BIBLIOTECA", que nos faz refletir se não estamos diante do mesmo mistério tracejado pela grande escritora em sua obra, quando tentamos compreender como e por que foi morta a tiros uma parlamentar fluminense em data recentíssima (há menos de 20 dias), quando se deslocava do centro da cidade para sua residência, no bairro da Tijuca?

Seria mais uma ocorrência policial rotineira, se não fosse o tratamento especial dado pela mídia, dita investigativa, em razão da vítima ser mulher, da raça negra, nascida e criada em uma das centenas de favelas que dominam um percentual elevado da topografia deste Estado, a isso acrescentando-se um potenciador respeitável, por tratar-se de militante político, eleito com mais de 40.000 votos na última eleição municipal.

O que poderia parecer um arrastão mal sucedido com emprego de arma de fogo, como centenas de cenas semelhantes, tristemente apenas filmadas, transformou-se em crime político, segundo declarações divulgadas por esta mesma mídia investigativa. Essa conclusão decorreria de longo e cuidadoso trabalho investigatório conduzido por "experts" da têmpera de um Cel. MELCHETT e de um inspetor SLACK, destacados por AGHATHA em sua obra.

Ter-se-ia já a motivação e, com isso, buscar-se-ia identificar a quem interessaria a supressão de uma vida de forma tão primária e animalesca para, em seguida, logicamente, o executor (es) e mandante (s). Coroando-se o êxito do trabalho de inteligência, viria a prisão e o julgamento do bando, quadrilha ou organização criminosa. Curiosamente, a vítima do romance policial de AGATHA era uma mulher desconhecida; de mulher também era o cadáver "sulla via", apesar de ter deixado "viúva", segundo a nossa bem informada mídia.

Contudo, passado razoável lapso temporal, continua-se carente de informações precisas nesse sentido, deixando a Cidadania preocupada quanto a eficácia da intervenção federal na segurança pública do Estado, que serviria de modelo para as demais Unidades Federadas. É claro que não se tem o mesmo potencial novelesco de AGATHA, mas também não somos nenhum cerra-fileira de uma tropa abnegada e combativa deste hemisfério. Falta-nos, sem dúvida, melhor estruturação e recursos logísticos, que agora estariam chegando, provenientes da União, salvos da pilhagem desenfreada que se instalou no país nestas duas últimas décadas.

"Sullo cadavere", diz-se terem sido coletados significativos vestígios, indícios, elementos de provas materiais, documentais e técnicos suficientes para uma coletiva para com a imprensa, para que esta cumpra e exercite a sua missão constitucional de informar o POVO, do resultado prático e excelência do trabalho do Estado-Administração, em prol da paz social e segurança da ordem jurídica.

Rio de Janeiro, 02 de abril de 2018.

ALBERTO CALVANO – Del. Policia e Prof.
ACADEPOL (aposentado)

EXECUÇÃO SUMÁRIA DE PARLAMENTAR.

AUTORIA NÃO REINVIDICADA

Vive-se no Rio de Janeiro um cenário bastante cruel.

A mídia televisiva dedica diariamente mais de 50% de seu noticiário centrado na execução física de pessoas, isto é, nos crimes de homicídio perpetrados sempre com o emprego de armas de fogo, preferencialmente do fuzil de última geração, de fabricação estrangeira.

Diz-se que agrupamentos, bandos, quadrilhas, facções e organizações criminosas mais sofisticadas, ditam as ordens na "urbe", para serem obrigatoriamente obedecidas, sob pena de aplicação de pena de morte. Como ainda se ressentem de uma liderança estável, as facções estão permanentemente em confronto, para terem a hegemonia e o pleno domínio do espaço territorial onde exercem as suas atividades "empresariais".

É o chamado poder paralelo que edita as suas leis, aplicáveis a quantos nele circulam. É um estado dentro do estado – o formal e o do invasor – que busca o reconhecimento de sua soberania a qualquer preço.

Recentemente uma parlamentar municipal foi morta a tiros, no centro da capital do Estado, nos moldes da velha Chicago dos filmes policiais norte-americanos. Tal fato ganhou manchetes locais, nacionais e internacionais, em razão do tratamento midiático que mereceu, sem que se chegasse a uma plausível motivação e possível autoria. Entramos, inadvertidamente, em um vasto palheiro buscando a agulha perdida.

Abriram-se várias frentes investigatórias que não fecham e, cada vez mais, abrem um gigante leque. Por terem sido usadas armas semiautomáticas, relata a imprensa, teriam deixado vestígios importantes, não apenas nos cadáveres das duas vítimas, uma vez que o motorista da parlamentar também foi morto mas, especialmente, no local em que foram abatidas e bem assim no trajeto feito pelos veículos, o que estaria sendo coletado pela polícia judiciária técnico-científica.

Com esses primeiros elementos é possível desenhar-se o que poderíamos chamar de provável motivação. A dissecação – não cirúrgica – de uma das vítimas, pode nos indicar a causa maior ou motivo desencadeador da ação ou reação do agressor. Em casos dessa natureza e espécie, apresenta-se sempre aquela costumeira indagação: a quem interessaria a execução física da vítima? E, o "modus operandi", o "iter" das partes, os meios disponibilizados aos executores? E o armamento, se consideradas as cápsulas ejetadas e os vestígios deixados nos projéteis (ranhuras) e na percussão dos estojos?

Diz-se que a munição pertenceria à própria polícia federal e que fora desviada de suas dependências há mais de dez anos, conforme registros do fornecedor, a CBC.

No episódio, dadas as circunstâncias e pessoas vitimadas, recomendam os "experts" em investigações que, a partir de determinado momento, as atenções se concentrem no perfil e relacionamentos das vítimas, sempre com a redobrada cautela e descrição, preservando a privacidade das pessoas, buscando com o seu resultado, montar o quebra-cabeça dessas mortes traumáticas para todos, em especial para a credibilidade do agente-garantidor e a tranquilidade da cidadania.

Deve ser lembrando ainda que quando da ocorrência do atentado, ainda não teriam transcorridos 30 dias do decreto federal de intervenção na segurança pública do Estado, o que transformaria o episódio em jogada de mestre do "estado paralelo" desafiando, abertamente, o estado de direito.

Apesar desse todo, o particular, quase irrisório e não buscado, não deve ser descartado pelo bom investigador. Perguntar-se-ia então: seria um caso de execução ou um acidente em uma encenação – susto. Poderia parecer primário demais um raciocínio nesse sentido. Contudo, estando ausente uma motivação maior, essa vertente também deve ser esgotada.

Neste caso não se poderia dizer que se perderam vestígios e provas relevantes no local do crime. Este, excepcionalmente, para o bem de todos, permaneceu intato, à disposição da argúcia e notável experiência dos investigadores. Portanto, para se alcançar sucesso, caso não surja nenhuma "delação premiada", este dependerá muito da qualidade da mão de obra e meios científicos e tecnológicos colocados pelo Estado-Administração à disposição da função essencial à Justiça – a POLÍCIA JUDICIÁRIA.

Debrucemo-nos, contudo, sobre o que temos porque talvez o fio da meada esteja visível, mas não percebido, diante da repercussão midiática e internáutica que absorveu o "affair". E, mais uma vez perdoe-nos se estamos opinando no trabalho dos mestres; mas não nos esqueçamos de que não deve ser descartado o fato de que o submundo é repleto de delírios, principalmente, o causado pelo uso da poeira branca, tão perseguida pelo Estado-Juiz. Igualmente, redobradas as atenções pelos justiçamentos, com encontro de cadáveres, especialmente, os carbonizados. Lembremo-nos de que aqui também vige a "omertá" tupiniquim.

Rio de Janeiro, 22 de março de 2018.

ALBERTO CALVANO – Del. De Polícia e Prof.
ACADEPOL (aposentado)

"PELA RAZÃO OU PELA FORÇA"

Significativa a frase citada em artigo publicado na REVISTA DO CLUBE NAVAL * 384, da lavra do V Alte (Ref-EM) RENATO VILHENA DE ARAÚJO, intitulado "Amparo Legal", para as operações militares de garantia da lei e da ordem - GLO - no Estado do Rio de Janeiro, decorrentes de ato formal da intervenção decretado pelo governo federal.

O lema, segundo o autor, encontra-se no brasão nacional da República do Chile, país vizinho e amigo, que tem lutado internamente com problemas semelhantes aos nossos. Somos um caldeamento de raças, povos, valores, tradições e teríamos sido colonizados em nome das mesmas grandes corporações, que moveram a máquina do tempo em seu favor.

Motivo confessado: as forças policiais locais não mais conseguem conter a criminalidade violenta em níveis suportáveis.

Coadjuvantes diretos: o sistema penitenciário; a ação do fiscal das leis e a magistratura judicante.

O artigo 144 da Constituição, que nos parecia suficiente para manter a lei e a ordem, mostrou-se em curto lapso temporal, insuficiente, ante ao descumprimento, pelo próprio Estado, de vários dispositivos, como o parágrafo 7º, que previa expressamente: "a lei disciplinará a organização e eficiência de suas atividades". Custou-nos muito emplacar essa previsão constitucional, quando na assessoria da Comissão de Segurança Pública, no curso dos trabalhos da Assembleia Nacional Constituinte, em 1988 e, cinco anos após, em 1993, na Revisão Constitucional, cuja relatoria coube ao Deputado NELSON JOBIM, mais tarde, Ministro do Supremo Tribunal Federal.

É o que nos recordamos trinta anos depois, já octogenário. Pelo tempo decorrido, fatos pretéritos e presentes, não nos causam preocupação maior em afirmar que o legislador, diferentemente do constituinte, jamais aceitará uma polícia para o Cidadão deixando, em consequência, o pretor sem a sua guarda pessoal, alguns deles já aceitos como divindades, pelo eleitor-outorgante desses estranhos poderes.

Ademais, há até quem sustente e questione afinal, a quem a intervenção visa alcançar? Seriam os omissos comissivos "delinquentes do colarinho branco" ou os delinquentes comuns, "pés de chinelo", que ainda não ousam se apropriar, como fazem as corporações, do patrimônio nacional, saqueando os cofres públicos?

Os recursos legais e os meios materiais para se por a casa em ordem existem, começando com o cumprimento urgente do citado parágrafo, o que permitirá dotar o estado brasileiro de um eficaz estatuto da segurança pública, estão disponíveis, há algum tempo, mas por falta de vontade política, que movimenta a máquina do Estado, não são usados.

Destaca-se ainda desse contexto que a decretação do estado de defesa previsto no artigo 136 da Carta, seria o remédio legal aplicável à espécie e não a simples intervenção ditada pelo artigo 34, posto que há iminente instabilidade institucional em curso, manietando a Cidadania e o próprio estado democrático de direito.

É inquestionável a afirmativa de que instituições do estado de direito estão seriamente ameaçadas pela crescente desobediência civil. Referimo-nos, como um todo, à POLÍCIA, ao SISTEMA PRISIONAL e até a própria MAGISTRATURA JUDICANTE.

Não será apenas o crime organizado ou comum, que deverão ser alcançados pelo braço intervencionista mas, especialmente, a máquina administrativa do Estado, que está prisioneira de um sistema que lhe interessava apoiar politicamente e, por isso, desacreditada e falida financeiramente pela corrupção desenfreada, comprovada a todos os instantes. Com esse cenário desalentador e as tênues expectativas, estamos diante de um autêntico suplício, sem sinais de reversão.

Assiste razão ao veterano combatente, quando cita lema que muito bem traduz um despertar de consciências. "Por la razón o la Fuerza" que se cumpra a Constituição.

Rio de Janeiro, 06 de abril de 2018.

ALBERTO CALVANO – Del. De Polícia e Prof. ACADEPOL (aposentado)

MILÍCIA: "máfia" brasileira com toque tupiniquim

Afirmam estudiosos das origens e evolução do fenômeno "Ma fi" (minha filha), mais conhecido internacionalmente como MÁFIA, que iguais ou semelhantes condições sociais teriam propiciado o surgimento de facções ou organizações com idênticas finalidades, isso no início de suas ostensivas atividades.

No berço do seu nascedouro, conserva-se entre os anciãos, onde muitos dos quais sequer têm a capacidade de expressarem as suas opiniões pela palavra escrita, fatos e atos que se perderam na poeira do tempo, que produziram nos seus ancestrais, movimentos internos silenciosos e eficazes, capazes de socorrer de alguma forma os mais necessitados e desvalidos, permitindo-lhes sobreviverem aos opositores. Os seus problemas, "interna corpore", que jamais sensibilizaram os governantes, precisavam ser tratados e resolvidos entre si.

Afinal, seriam conhecidos mais tarde e catalogados como "affari nostri" – problemas nossos, coisas nossas, daí a "cosanostra" – que precisavam ser solucionados por nós mesmos. Uma espécie de estado paralelo que, nas suas primitivas origens, atendiam àqueles ditos excluídos e necessitados, tidos como abandonados pelos senhores feudais modernos, que sabiam como taxar progressivamente os eternos contribuintes para os cofres palacianos e paraísos fiscais.

Percorrendo a orla sinuosa e escarpada daquele berço, notadamente ao sul da península itálica, dificilmente não serão encontradas velhas muralhas e resquícios de castelos-fortalezas medievais que confirmariam as versões dos ancestrais e anciãos, domesticamente versadas nos inúmeros dialetos, ainda em uso na Região Calábria e Sicília.

Diz-se nas historietas passadas de pais pra filhos, por muitas gerações, que por se mostrarem eficientes nos logradouros onde foram implantadas por seus discretos "uomoni d'onore", teriam sido mais tarde cooptados pelos senhores, incluindo-os em sua folha de pagamentos por serviços prestados, transformando-se no que é hoje, em perigosa organização criminosa com poderes de vida e morte sobre as novas gerações de contribuintes forçados, saídos das galés para os guetos, uma espécie de penitenciária de segurança máxima, inobstante terem nascido seres humanos, criados à semelhança de Cristo.

Indagar-se-ia: seria a '"Milícia" um rebento tão promissor e eficaz quanto a "Máfia"? E se o for, como deverá ser enfrentado pelo estado de direito?

RUDOLPH GIULIANI, em Nova York, nos deu uma fórmula que, senão foi milagrosa, mostrou-se eficaz para conter o avanço do fenômeno naquela grande cidade dos U.S.A. e até hoje citada como exemplo de vontade política séria. Baseou-se na simplística, mas altamente eficaz, **"Teoria das Janelas Quebradas"**.

Aqui, a muito custo, os sinais visíveis da nova administração dos órgãos de segurança pública têm trazido gotas homeopáticas de esperança de dias melhores.

Lamenta-se que nem todos que participam do projeto "tolerância zero", não estejam, como servidores públicos, seguindo o devido processo legal. Não possuir registro de antecedentes criminais, não significa garantia plena de impunidade, mesmo porque para ter os tais registros, haverá sempre uma primeira vez. "In casu", depois da lavratura de Auto de Prisão em flagrante (APF), passar por homologação do Promotor de Justiça e a chancela do Juízo de Custódia, promoveu o Órgão de Execução do Ministério Público oficiar nos autos do APF, no sentido da prisão preventiva, acolhida e decretada pela Magistratura Judicante, em razão de estarem presentes, formalmente, no procedimento preliminar do persecutório penal, os pressupostos legais para decretá-la, cumprindo-se assim o devido processo legal. Eis que, passados alguns dias, por iniciativa do próprio Órgão de Acusação, naquele trabalho de polícia judiciária, decidiu-se que não mais se prestava para a propositura da correlata ação penal pública.

Noticia-se que o servidor público, representando o titular do direito violado, estaria promovendo a ação penal em face de apenas duas dezenas dos indiciados, enquanto para os demais – quase uma centena e meia – encarcerados, se posicionara pela sua LIBERDADE, por falta de elementos indiciários suficientes.

Também dizem os letrados em jurisprudência que não sendo suficientes os indícios e elementos de prova até então colhidos quanto a esse expressivo grupamento, então autuados e portadores de Nota de Culpa (uma espécie temporária de prisão legal) expedida pela Autoridade Policial (Delegado de Polícia), cabe ao Órgão de Execução do Ministério Público (Promotor de Justiça), restituir os autos ou cópia deles à Autoridade Policial (Delegado de Polícia), indicando os fundamentos jurídicos de sua manifestação processual e as novas diligências a serem procedidas, vez que tal conduta tem previsão constitucional, assim como a presunção de inocência.

De se ressaltar que, conforme o alegado de não existirem condições para a formulação da denúncia em face do grupo numeroso que se pretendia decretar a absolvição sumária e coletiva, também inexistiriam para a lavratura da prisão em flagrante e, depois, da decretação da prisão preventiva.

Tudo não passaria de erro grosseiro imputável a experientes e competentes operadores do direito, com possíveis e prováveis pedidos de responsabilização penal, civil e disciplinar para todos os intervenientes nesse "affair". "Venia concessa".

Quanto aos ditos indiciados absolvidos sumariamente e aos demais acusados, de se lembrar o arsenal de armas apreendidas, os ocultos patrocinadores, os objetivos menos nobres da eclética plateia festiva, o "curriculum vitae" de cada um dos reconhecidos inocentes, o local especialmente selecionado, o momento traumático de uma execução sumária de parlamentar de bem, o resultado das diligências que a polícia judiciária cuidadosa e discretamente tem conduzido, das suspeitas iniciais e as já aferidas, as estratégias para o enfraquecimento do crime organizado e, especialmente, o empenho de se assegurar ao morador honesto e cumpridor de suas obrigações sociais dos guetos em que foi confinado, mantê-lo fora da influência das organizações criminosas que o transformariam em um obediente vassalo do senhor da guerra – o NARCOTRÁFICO e suas multifaces. Mas, ao que se percebe e sente nessa primeira refrega é que o mal venceu o primeiro confronto.

Sou forçado a relembrar o humorístico, da década de 1980 ("Viva o Gordo"), em que o Jô Soares, profeta sem disso saber, fazia um personagem cômico chamado de "Dom Casqueta". Era um chefe mafioso desiludido porque não via nenhuma condição de a máfia subsistir em um país tão desorganizado como o Brasil propositalmente assim é, onde o Estado fazia concorrência desleal com a Máfia, a inviabilizando. Aí o seu bordão era: "Não tragam a máfia para o Brasil que esculhamba tudo!".

Rio de Janeiro, 26 de abril de 2018.

ALBERTO CALVANO – Delegado de Polícia e Prof. ACADEPOL (aposentado)

FRUTOS DA ÁRVORE ENVENENADA. ORIGEM DOS RECURSOS QUE PAGAM AS ASSESSORIAS TÉCNICAS ESPECIALIZADAS

A Cidadania tenta compreender como pessoas que estão sendo investigadas sob a acusação de práticas ilícitas, notadamente aquelas relacionadas com o sistema financeiro, o consumidor em geral, o patrimônio privado e o erário público, podem pagar milhões de reais pelo acompanhamento, em entes de polícia judiciária, fiscais, órgãos jurisdicionais de 1ª e 2ª instâncias e em tribunais superiores, os feitos formais de responsabilização criminal.

Indagam o porquê desse custo elevado pelo exercício do mister profissional, quando este é prestado a reincidentes práticas de crimes patrimoniais contra o setor privado ou público, no qual aflora sempre a efetiva participação de organizações criminosas. Dizem que se os ganhos financeiros desonestos processam-se contra o patrimônio alheio e que o resultado alcançado pelo grupo será sempre decorrente da redução dos bens submetidos à ação do confisco privado, processualmente implicaria no sequestro do quantum bastasse para reparação do que foi retirado da vítima. Comprida essa fase do procedimento, não haveria como pagar-se a prestação do serviço técnico, uma vez desapossado da "res furtiva". Contudo, antecipando-se o investigado, indiciado, ou acusado, réu ou, condenado ao ato formal de indisponibilidade do seu patrimônio, dele retirando parcela significativa para entrega-la à assessoria técnica especializada, criar-se-ia situação jurídica bastante desconfortável para o recebedor de parte do "ganho ilegal" alcançado pelo membro da quadrilha de "larapius".

Dinheiro "sujo" jamais poderá ser incorporado ao patrimônio do expropriante, sem que se viole o princípio dos frutos da árvore envenenada e não se incida na típica receptação ou peculato. Há quem sustente que não cabe ao contratado verificar a procedência ou origem do numerário pagante, desde que o declare recebido ao fisco. Omiti-lo ou sonega-lo torna mais grave ainda a situação por locupletar-se do produto de ação criminosa.

Assim conclui a cidadania, diante da ausência de esclarecimentos mais consistentes que devem ser prestados quando o assistido não tem patrimônio ou bens de raiz.

Em data recente (13.05.2018) o jornal O Globo, na página 17 País, especificamente na coluna de ASCÂNIO SELEME – "Quando histórias de roubos já não comovem mais" – no subtítulo "Vale a pena ler de novo" transcrever-se-ia texto encaminhado por leitor da coluna, nos termos seguintes:

"Leitor da coluna escreve para dizer que nos Estados Unidos advogado nenhum trabalha para criminoso que não consiga explicar a origem lícita do dinheiro com que vai pagar seus honorários. Nos EUA, advogado que aceita receber o pagamento com recursos obtidos ilegalmente torna-se cúmplice do ilícito praticado, passa a fazer parte de uma quadrilha. Aqui, dinheiro de corrupção e do tráfico não envergonha nem acanha ninguém".

Como pode e deve ser perfeitamente compreendido, dada a sua simplicidade e clareza, dentre as Funções Essenciais à Justiça, CABE ao Ministério Público, "instituição permanente, essencial à função jurisdicional do Estado, a defesa da ordem jurídica, do regime democrático e dos interesses sociais e individuais indisponíveis", consagra-se no "caput" doa art. 127 da Carta Republicana de 1988.

Da mesma forma versa o referido Capítulo, no seu art. 133, que o Advogado é indispensável à administração da justiça, sendo inviolável por seus atos e manifestações no exercício da profissão, nos limites da lei. Ambas as funções são regidas por estatutos próprios, regulamentando o desempenho das suas atividades, inclusive, a DISCIPLINAR, não deixando assim espaço para esse tipo de associação perigosa. A primeira, o Ministério Público, como Fiscal da Lei, estará sempre vigilante ao surgimento de quaisquer sinais de fumaça nos inter-relacionamentos sociais e gerenciamentos da "res publica", de molde a assegurar ao exercício pleno da advocacia.

Lembremo-nos de que a OAB é o berçário obrigatório de quem pretende ingressar no MP, na Defensoria Pública, na Magistratura, na AGU e outras importantes funções ou atividades da administração pública. Situações como a colocada por ASCÂNIO SELEME em sua coluna, não existiriam ou sobreviveriam se a OAB e MP, exercitarem, na plenitude as suas atribuições legais e constitucionais. Também não haveria espaço para o surgimento de membro oculto de organizações criminosas. Nesses últimos dias o MPF tem dado mostras de louvável desempenho. Por isso, vale a pena ver de novo.

Rio de Janeiro, 17 de maio de 2018.

ALBERTO CALVANO – Del. Polícia PCERJ e Prof. ACADEPOL (aposentado)

O "cadavere" CONTINUA "sulla via". CLAMANDO POR EXPLICAÇÕES

Decorridos quase três meses do inexplicável homicídio perpetrado contra indefesa parlamentar da Câmera dos Vereadores do Município do Rio de Janeiro, as notícias levadas pela mídia investigativa através dos seus veículos de informação de massa à opinião pública, continuam as mesmas. Diz-se que já se tem suspeitos da trama "política" que determinou a execução de M. e de A., mas ninguém foi preso, até o momento, apesar da delação de um criminoso encarcerado por outros fatos.

É óbvio que a Autoridade Policial que tem a direção e comando das investigações necessita de mais elementos indiciários materiais e periciais para decidir se o feito pré-processual pode e deve ser encaminhando ao Juízo Criminal competente, como determina no art. 10 do CPP, e que deve manter o necessário sigilo sobre as diligências realizadas e faltantes, se isso for imperioso, legal e juridicamente. Contudo, como a mídia investigativa havia adiantada nas primeiras páginas nos dias subsequentes aos fatos, impõem-se confirmar se aquela vertente resultou confirmada após esse longo lapso temporal, mesmo porque estamos às vésperas de importante pleito eleitoral e precisamos saber se o crime vencerá as eleições e estabelecerá definitivamente o seu comando sobre parcela do território do Estado e de sua população.

Ninguém duvida de que estamos, há algum tempo, convivendo com um poder paralelo financiado pelo narcotráfico e todas as suas vertentes operacionais, e de que a política continua mandando na polícia neste Estado da Federação. Isso já afirmamos há mais de uma década em matéria publicada pelo jornal O GLOBO e que nos rendeu alguns aborrecimentos no exercício de nossas atribuições funcionais como Decano dos Delegados de Polícia da PCERJ. Até hoje ostentamos em nossa folha de assentamentos funcionais a primeira e única, no exercício do cargo de Delegado de Polícia por 42 anos ininterruptos, punição disciplinar por haver dito e reafirmado que determinado Chefe de Polícia era pessoa que estava impedido de exercer tal cargo, pelos malfeitos que praticara e continuava praticando, com o beneplácito dos seus superiores hierárquicos administrativos.

O tempo e os fatos confirmaram, logo após, o que se denunciava quando, através da intervenção da Polícia Federal, Ministério Público Federal e igualmente Justiça Criminal, a existência de uma quadrilha que havia se apossado da PCERJ para a prática dos mais diversos delitos, onde estaria envolvido até um Governador de Estado. Desse trabalho conjunto resultou àquele a perda do cargo público de Delegado de Polícia, a cassação do mandato de Deputado e na condenação à pena de reclusão por mais de duas décadas, até hoje não cumprida, dizem.

"Sullo cadavere" as notícias indicam que o empenho da competente equipe, discreta e operosa, tem alcançado alguns sucessos na investigação de outras possíveis e prováveis motivações, que poderiam ter impulsionado a mão criminosa a acionar o gatilho da arma única e semiautomática usada no crime, o que já é um alento para os atentos profissionais de polícia. No entanto, pouco ou quase nada se sabe sobre aquele logradouro público onde ocorreu a abordagem e os disparos, tais como incidência, modalidade e "modus operandi" que seriam importante conhecer, assim como horários de maior frequência.

Dizem especiais profissionais de segurança que, em casos investigados de homicídios, classificados como de "execução sumária", o atirador de leite contratado conferirá, sempre, ter cumprido com sucesso a missão encomendada, antes de deixar o local.

Isso teria se verificado no assassinato da parlamentar, tratando-se de matador profissional, na hipótese de crime político? E, a testemunha sobrevivente, foi inquerida por mais de um investigador em momentos e dias subsequentes? Constaram-se informações conflitantes ou divergentes nas verdades e versões conhecidas?

Não se duvida que tudo isso é página virada, pela conhecida capacidade investigatória da equipe da DH e que breve as notícias serão mais alentadoras e o "cadavere" será finalmente sepultado e os sobreviventes sentir-se-ão mais seguros e capacitados a melhor escolherem os seus mandatários por mais quatro anos. "Permissa vênia".

Rio de janeiro, 10 de junho de 2018.

ALBERTO CALVANO – Del. Polícia PCERJ e Prof. ACADEPOL (aposentado)

QUANDO O ESTADO SE TORNA REFÉM DO PRÓPRIO SISTEMA

Não mais surpreende a cidadania ações praticadas por prepostos do Estado com alto grau de selvageria, numa inequívoca demonstração de que os seus autores estariam acima da própria lei, que juraram defender e aplica-la.

Episódios rotineiros deixam o Cidadão órfão de justiça, da sua segurança pessoal e coletiva, despejando-o do próprio estado de direito. Quando agentes do Estado fazem pretensa justiça com as próprias mãos, caminham a passos largos para a implantação da desordem pública, onde pontificam condutas doentias, adquiridas no exercício do poder de polícia.

A instituição fardada responsável pela prevenção criminal, consoante regra esculpida na carta republicana de 1988, ao colocar-se, na visão e concepção criminosa de quem está momentaneamente na gestão da "res publica", acima da ordem jurídica faz despontar a ponta do "iceberg" monstruoso, que tomaria o comando do próprio Estado, se já não o fez.

Infelizmente, ante o copioso noticiário, que todos os dias é passado para o Povo, dúvidas não restam de que o estado-administração perdeu o controle efetivo de corporação centenária, garantidora primeira da ordem pública. Tantos são os malfeitos, que chegam a rivalizar com os executores de TIM LOPES.

Nas instituições com formação militar dos seus integrantes, a HIERARQUIA é a pedra de toque do sistema operacional, que funciona obedecendo as NGA's, editadas pela corporação, as quais têm a sua base na formação, no aperfeiçoamento e especialização profissional do pessoal. Ignorada a hierarquia, não há disciplina, não há controle e, muito menos direção. Cada fração de tropa age independentemente das diretrizes. Cada dirigente de mínima fração passa a ter um poder de vida e morte sobre quem deveria proteger. Incendiar quem estava sob a proteção do Estado é a ponta do perigoso "iceberg" que flutua em mar agitado.

É preciso salvar a instituição, mesmo que isso possa representar perdas políticas para ambições longamente acalentadas. Basta de talião, em um estado dito de direito, "venia concessa".

Rio de Janeiro, 08 de dezembro de 2012.

ALBERTO CALVANO

INCLUSÃO DOS POBRES "EXCLUÍDOS"

Vive-se no Rio de Janeiro, há algumas décadas, um quadro demonstrativo de absoluta incapacidade e incompetência gerencial. Inacreditável o que se passa com a segurança pública, afetando o exercício dos mais comezinhos e garantias da cidadania.

Os "pobres excluídos" deram o seu grito de guerra. Deixaram de lado o pé de cabra, a arma branca, a garrucha e o "pica-pau". Foram buscar ferramentas de última geração, mas continuaram "pés sujos". Na cadeia, numa época triste da nossa história recente, foram concluir a sua formação profissional, tendo como mestres jovens ladrões de banco, sequestradores de pessoas e aeronaves. O fino da bossa em PHD plus. De "puxadores" de carros passaram a empresários do narcotráfico, para atender uma próspera clientela que precisava do estimulante "branco", que n o deixava o fedor da "cannabis", incômodo e denunciador do seu porte e uso. Foi essa próspera clientela que impulsionou a nova vertente que consolidou a parceria fornecedor-consumidor.

Escreveram-se novos contratos com as suas sutis regras de sobrevivência. Nascia, assim, a "máfia tupiniquim", que daria origem às inúmeras "máfias" que ornamentam o noticiário policial e, mais recentemente, os nossos Tribunais de Justiça, afogados pela produção em larga escala de procedimentos criminais, assim como os nossos cárceres superlotados, obrigando-nos a produzir leis de execução penal de primeiro mundo. O ECA, há um quarto de século, também rivalizava com a legislação sueca e deu no que deu. Foi e ainda é, uma grande escola de excelente aperfeiçoamento profissional, com intensivo de, no máximo, três anos.

Afirma-se que na ponta do cordame está o NARCOTRÁFICO que mantém refém os ditos "pobres excluídos", nos complexos e comunidades, usando-os como barreiras ou tropa de choque, para ações secundárias de desvio de foco de prioridades, tornando-os as grandes vítimas das "balas perdidas" mas, extremamentes mortais para aqueles que forem atingidos.

Essa grande massa de desassistidos poderá em um futuro não muito distante ser um grande manancial para suprir os claros das hostes do mal, sempre dispostas a aumentar o seu potencial de fogo nos confrontos com os também desassistidos policiais.

ALBERTO CALVANO – Del. Polícia e Prof.
ACADEPOL (aposentado)

QUEM FINANCIA O TRÁFICO DE DROGAS E ARMAS?

Essa singela pergunta está no ar que respiramos há muito tempo. Dizem que, há pelo menos duas décadas, indagava-se nos desvãos do poder público: onde os comerciantes da maldita droga iam buscar dinheiro para adquirir a matéria prima ou o produto já "beneficiado" para coloca-lo em seus estabelecimentos comerciais, à disposição dos usuários? Alguns policiais mais observadores com o que se passava ao seu derredor, começaram a ensaiar uma resposta, à época, considerada ousada.

Humildemente, e em voz baixa afirmavam que o comércio dependia do consumidor. Velha regra da mercancia disciplinada pelo código de 1850. Os princípios e as regras de conduta ali estavam formalizadas, depois de milênios de prática pelo "homo sapiens". Mas, no final do século XX e neste início de século XXI, o "homo sapiens", que estava no comando da ordem jurídica, não conseguia compreender que nada muda na natureza, a não ser o calendário gregoriano (perdoem-nos se estamos equivocados).

Tudo leva a concluir-se de que não se queira ou não se podia responder a tão absurda pergunta. Por que saber quem é o responsável pelo "brilho da noite", que é encontrado em qualquer esquina mal policiada? Dizem os policiólogos de plantão: PRENDAM-SE, VENDEDOR E COMPRADOR, e estamos falados. Fez-se isso e ainda se continua fazendo, apenas com o abrandamento da lei e da repressão em face do usuário. E, assim, continua-se varrendo a sujeira para debaixo do tapete, agora, com um agravante: não mais se ouve aquela voz baixa e humilde, nos chamando atenção de que quem financia o comércio das drogas e das armas que protegem os estabelecimentos comerciais são os compradores que se aboletam nos "pontos" de venda.

Inquestionavelmente, é uma das mais rendosas e prósperas atividades da mercancia nos tempos modernos. Prósperos "comerciantes" ampliam diariamente os seus empórios porque a procura – a clientela – aumenta a cada dia e, por isso, admitem com a mesma rapidez mais "sócios" no seu rentável negócio, enquanto o policial honesto continua morrendo de fome ou das balas financiadas pelos "filhinhos de papai" que, avidamente, buscam suprir os seus luxuosos carros com a "preta" ou o "brilho da noite" para as suas permanentes loucuras. Estes, sim, são os financiadores do tráfico e das matanças que inundam de sangue os becos das "comunidades" e as manchetes de jornal.

Elementar, muito elementar mesmo, como diriam os nossos eternos frasistas. Só não enxerga quem não quer. Enquanto tivermos e aumentarmos os exércitos dos usuários, o tráfico de drogas e armas estará sempre em ascensão e de nada valerão as prisões de segurança máxima, porque é de dentro delas que hoje se comanda essa perniciosa atividade. Gastam-se milhões de reais nas operações para se reconquistarem as comunidades dominadas pelo poder paralelo, em um autêntico processo que se assemelha a "enxugar gelo".

Voltemo-nos para a juventude e as gerações perdidas para o tráfico, reeducando-as para que sejam úteis a si próprias e ao país, pois assim se estará dando um passo de gigante para a PAZ que tanto reclamamos nas passeatas, porque não será combatendo os efeitos que venceremos a guerra. A causa dessa tragédia social não está nas comunidades carentes, na sua exclusão, nos quilombolas e nas forças de segurança pública, hoje contaminadas pelo aparelhamento político do seu comando.

ROUBA-SE, MATA-SE E CORROMPE-SE, PARA SUSTENTAR O VÍCIO DE QUEM PODE COMPRAR TUDO, MESMO QUE TENHA QUE VENDER A PRÓPRIA ALMA.

Que Deus ilumine quem está nessa permanente escuridão.

Rio de janeiro, 11 de novembro de 2011.

ALBERTO CALVANO

A MARINHA DO BRASIL NÃO ERROU

Perdoe-nos a mídia informativa-investigativa sobre uma infeliz colocação no "Nas nossas costas", na edição do jornal O Globo de 21 de março de 2011, ao confundir autorização constitucional sobre o uso de propriedade particular e sublimar cooptação. Quando a Marinha sobrevoou a área do vazamento na sexta-feira e na terça-feira em aeronave da investigada Chevron, não cometeu, "in casu", nenhum malfeito e, muito menos, abuso de poder.

Notoriamente, é do domínio público que as forças armadas, de há muito, vêm sendo vítima de uma política governamental equivocada e não revanchista, como querem os sectários, faltando-lhes, por isso instrumental de trabalho adequado ao exercício da sua missão constitucional. A Marinha cede helicóptero para ação policial em comunidades subjugadas pelo poder paralelo, mas não tem para executar a missão que lhe foi apresentada. Era preciso deslocar-se rápida e eficazmente para a área do sinistro e fê-lo em uma aeronave que estava disponível.

Não é sabido se a autoridade militar competente consultou ou não a Carta Republicana de 1988, mas ali está claramente prescrito, "verbis", no artigo 5º, XXV:

> "XXV – no caso de iminente perigo público, a autoridade competente poderá usar de propriedade particular, assegurada ao proprietário indenização ulterior, se houver dano;"

Vê-se, com a leitura atenta da cláusula pétrea, que o constituinte foi bastante sábio em nos prover dos instrumentos imprescindíveis ao exercício pleno do encargo legal, nas situações em que há interesse público em jogo, diferentemente de certo chefe de executivo estadual que foi flagrado viajando em comitiva e aeronave de prestador de serviço ao estado da federação. A dessemelhança é brutal. Nada havia de interesse público na missão deste, que teria violado princípios da ética e da moral. "Sub censura".

Rio de Janeiro, 21 de março de 2012.

ALBERTO CALVANO

O "HABEAS CORPUS"

Consagra a Constituição de 1988, em seu artigo 5º, LXVIII, que, "conceder-se-á HABEAS CORPUS sempre que alguém sofrer ou se achar ameaçado de sofrer violência ou coação em sua liberdade de locomoção, por ilegalidade ou abuso de poder;".

Tendo em vista que no processo judicial de "habeas corpus" hão de ser observadas regras e princípios previstos na norma instrumentária penal – o C.P.P. – onde se destacam os momentos próprios de impetração, processamento e julgamento, essenciais para a validade do ato intervencionista do Estado-Juiz, impõem-se que regra complementar de aplicação geral e irrestrita seja cumprida por quem exercita esse poder-dever, à luz do princípio inserto no art. 93, inciso IX da Carta, que consagra a publicidade de todos os julgamentos dos órgãos do Poder Judiciário e a obrigatoriedade da fundamentação de todas as decisões, sob pena de nulidade, suspeita-se que recente decisão da corte Constitucional Brasileira arranhou a garantia constitucional da Cidadania, ao conceder salvo conduto temporário a Cidadão que estava e está na iminência de cumprir decisão judicial de 2ª instância privativa de liberdade.

Relata-se na mídia que o Cidadão paciente neste processo e coordenado por Órgão Jurisdicional Monocrático, confirmado por Órgão Colegiado, para evitar o cumprimento do título executivo de recolhimento ao cárcere, teria, através de assessoria técnica especializada, impetrado a concessão da ordem, sob fundamento de violação de garantia constitucional, inobstante aquele decisório fundamentar-se em decisão majoritária do Colendo Colegiado do próprio Supremo Tribunal Federal.

A questão primeira que ressalta nesse julgamento do Cidadão contra o Estado é que a autoridade coatora é o próprio S.T.F., que proferiu decisão definidora do momento inicial de cumprimento de pena privativa de liberdade, ao apreciar o alcance do princípio da presunção de inocência – momento em que passa à condição de CULPADO. Qualquer forma instrumental de recurso não tem efeito suspensivo da decisão prolatada, mas apenas protelatório da decisão judicial.

A segunda questão que se põe para a Cidadania compreender o remédio heroico, é o seu caráter reparador do mau uso ou abuso dos poderes delegados pelo POVO, ao seu representante constitucional, vez que o Estado-Juiz exerce poderes delegados e não próprios, segundo nos ensinam os constitucionalistas e juristas de renome. Temporariedade da ordem, em virtude da interrupção do julgamento, não teria previsão legal expressa, assim como não se teria conhecimento oficial dos fundamentos dessa decisão (princípio da publicidade).

O recurso "latu sensu", pendente da decisão que seria o de embargos declaratórios, visto tratar-se de decisão unânime do colegiado do TRF-4, portanto, sem efeito suspensivo, o que já poderia caracterizar retardamento do cumprimento da sentença condenatória (retardar ato de ofício), uma vez desconhecida a fundamentação que teria dado caráter suspensivo à nova impetração. A isso somar-se-ia circunstância, segundo a mídia, de se estar pretendendo invalidar decisão judicial que aplicou com soberba coragem o princípio isonômico: "todos são iguais diante da lei". Ainda, dentro desse cenário, estar-se-ia pressionando politicamente o Colegiado a rever decisão da Súmula de 2016 que ousou frear o festival dos recursos suspensivos, em homenagem ao trabalho sério desenvolvido pela "Operação Lava-jato" contra a corrupção, que destrói a imagem do país no concerto das nações civilizadas e democráticas.

Dizem os juristas e constitucionalistas que não há porque esperar a decisão dos embargos declaratórios para se cumprir a sentença condenatória, mesmo porque não há motivo para se julgar ilegal o ato de prestação jurisdicional de 1ª e 2ª instâncias, porque, afinal, foram JUÍZES que a proferiram e, se algo relevante foi ocultado no curso do processo investigatório e judicial, quando conhecidos, há remédios legais disponibilizados na Carta e normas infraconstitucionais para serem utilizados.

Contudo, como tudo gira ao entorno da "governança", a vontade política ditará o desfecho, mesmo que se sacrifiquem valores éticos-morais fundamentais.

Fala-se que se está praticando uma modalidade nova de tortura, cujos resultados finais, bons ou maus, a Cidadania terá de honrá-los.

Rio de Janeiro, 24 de março de 2018.

ALBERTO CALVANO – Del. Polícia PCERJ e Prof. ACADEPOL (aposentado)

CUMPRIMENTO DO DEVER FUNCIONAL
OU PURO EXIBICIONISMO PIROTÉCNICO

Triste este final de semana com bombástica notícia dada pela Procuradoria Geral de Justiça, através de vozes autorizadas, de que a Polícia do Cidadão – a PCERJ – fora e ainda estava sendo dirigida por violadores da Lei de Licitação, os quais na perspicaz e arguta visão e inteligência ministerial, vinham anos seguidos praticando atos proibidos em detrimento da ordem jurídica vigente.

Crime: dispensa de licitação para contratação de serviços na área de informática, serviços esses que eram imprescindíveis à função de Estado de segurança pública e que estariam sendo prestados regularmente.

Situação jurídica do Estado: estado de "emergência" por falência total do erário, seguido de decreto de intervenção federal na segurança pública, ambos publicados nos D.O.'s respectivos.

Socorro financeiro: a União transferiu para os cofres do Estado quase dois bilhões de reais para fazer face às despesas da Polícia e do sistema prisional, até o final de 2018.

É do domínio de todos que o Ministério Público Estadual está em funcionamento regular, inclusive recebendo o seu duodécimo para melhor prestar o serviço que lhe é regiamente pago no 1º dia do mês seguinte. Um privilégio para quem cumpre com a sua obrigação contratual com o Poder que paga todos os salários: O POVO.

Apesar de bater cartão de ponto como todo servidor, somente agora despertou-se para essa gritante conduta criminosa, praticada ostensivamente e também sujeita à fiscalização externa do TCE, que presentemente tem cinco dos sete conselheiros presos pela Justiça Federal, envolvidos em sucessivos atos de corrupção (o sexto se aposentou e fez delação premiada para também não ser preso). Estranhável é o fato de não ser o MPE e sim a PGR a autora da persecução penal e pedido de PRISÃO PREVENTIVA. Talvez isso se explique pelo fato de um ex-subprocurador Geral de Justiça/RJ ter sido condenado por alguns dos diversos ilícitos praticados quando do longo exercício da específica função, assim como o próprio Procurador Geral de Justiça/RJ, que o sucedeu, também já estar respondendo por alguns malfeitos, e, segundo dizem, com o risco de ser, ineditamente, preso. Contudo, os malfeitos atribuídos àquele seleto grupo não seriam especificamente crimes federais. Talvez, pequenos desvios não perceptíveis aos operosos fiscais da lei.

Tem-se o maior respeito e admiração pela Instituição que não pode e não deve arcar com o ônus de atos impensados, equivocados ou errados de quem está servidor naquele momento e local. A responsabilidade deve ser imputada apenas ao autor, o agente político, que não a tem como coautora de possíveis desvios de conduta deste.

Nos parece, à primeira vista, que se está abusando do poder delegado em face de pessoa que, neste caso, responderia, no período de intervenção federal, aos congêneres federais, no quantum que lhes dissesse respeito. Pelos pretéritos, admitir-se-ia a intervenção do sistema estadual de fiscalização e controle. Este, no momento, dá sinais de não abrir mão da sua caça.

A mesa está posta. Os fogos de artifício já foram escorvados e o céu aguarda a programada pirotecnia festiva. QUE TAL COMEÇARMOS PELO COMEÇO, ESMIUÇANDO O FABULOSO PROJETO DA DELEGACIA LEGAL, ONDE TUDO COMEÇOU?

Rio de Janeiro, 13 de julho de 2018.

ALBERTO CALVANO – Del. Polícia PCERJ e Prof. ACADEPOL (aposentado)